独学

PSYCHOLOGY

人と社会の本質をつかむ

心理学

内藤誼人

YOSHIHITO
NAITOH

Discover

まえがき

　本シリーズはわかりやすい入門書を企図したものですが、本書『心理学』
は特にわかりやすいと思います。というのも、もともと心理学という学問は、
私たちにとって非常に身近なことばかりを研究対象にしている学問だから
です。

　そもそも心理学が研究対象にしているのは、私たち人間にほかなりません。
　ということはつまり、心理学で明らかにされている法則や公式のようなも
のは、すべて読者自身も身近なケースとして確認できるということです。「あ
あ、そういうことってよくあるよな」「なるほど、だから私はよく間違いを
しちゃうのか」ということが、体験的にすんなり頭に入ってくるのです。
　物理学や数学や哲学などは、純粋性が高いと言いますか、抽象性が高いと
言いますか、うんうん唸りながら理解しようとしても、さっぱりわからない
ということが往々にしてありますが、まずは安心してください。心理学を学
ぶときには、そういうことは絶対にありませんから（笑）。

　もちろん、学問としての心理学は、一応のところ「科学」（サイエンス）
の仲間ということになっておりますので、数式のようなものを使うことはあ
ります。けれども、その数式で扱われる「変数」（要因）にしても、そんな
に理解が難しいものではありません。もともとが私たち自身が日常的に経験
していることですから、数式化・公式化されていても、簡単に理解できるの
です。数学が苦手な読者でも、まったく問題がありませんので、この点でも
心配はいりません。
　たとえば、スポーツにしろ、仕事にしろ、楽器の演奏にしろ、「スキル」（技
術）という言葉がよく使われますよね。ちょっと難しく定義すると、「ある
特定状況で求められる一連の行動を遂行する能力」のことなのですが、もっ
ともシンプルな公式はこうです。

スキル（skill）＝ 早さ（speed） ×　正確さ（accuracy）

　ピアノの演奏でいうと、できるだけ早く、しかも正確に鍵盤を弾くことができるほど、「ピアノの演奏スキルは高い」ということになります。

　スキルは「掛け算」で決まるので、どんなに早く鍵盤を弾くことができても、正確さがゼロなら、掛け算をしてスキルもゼロになってしまう、ということもわかりますね。

　心理学に出てくる法則や公式というのは、せいぜいこのレベルまで。どうでしょう、「これなら、私にでもついていけそうだな」と思われるのではないでしょうか。今の段階では、まだ半信半疑かもしれませんが、だれにでも理解できるように、超初心者向けに丁寧にご説明していくつもりです。絶対に「わからない」ということのないようにお話ししていきますので、どうぞ最後までよろしくお付き合いください。

メルマガ登録であなたの独学をサポート！

本書は3週間で心理学の基礎から発展までを学べるカリキュラムとなっています。
1週間ごとに大きなテーマに分け、3段階で心理学への理解を深める構成です。

1週間はそれぞれ5日間に分かれており、1日1トピックを学びます。
毎日、トピックに応じた問題が出題されるので、読むだけではなく、自ら考えて積極的に学習を進めることができます。
3週間後には、きっと心理学の面白さと深みを実感できるはずです。

しかし、「学ぶペースをつくるのが難しい……」「ちゃんと理解できているか不安……」という人もいるでしょう。
そこで、メールマガジンによる学習サポートサービスをご提供いたします。

下記のQRコードよりメールマガジンにご登録いただくと、その日から1週間ごとに各週のまとめ解説と復習問題をお送りいたします。
メールマガジンを読み、問題を解くことでより理解が深まり、学習のペースをつくることができるはずです。

ぜひ、自分だけの学びを実現させましょう！

URL ▶ https://d21.co.jp/special/selfstudy-psychology
ID ▶ discover2786
PASS ▶ psychology

CONTENTS

第**2**週

心理学で自分と他人を知る

第 **3** 週

世の中を読み解くための心理学

第 **1** 週

心理学とは
どんな学問か?

❦

❦

❦

第1週では、心理学とはどんな学問なのかをお話しします。
心理学と精神医学が混同されることがよくありますが、
この2つは全く別物です。
フロイトやユングといった名前を聞くことがあると思いますが、
彼らは心理学者ではなく精神分析学者です。
また、最近流行の「メンタリズム」も心理学とは違います。
心理学は実験や調査、観察などに基づいて、
客観的・科学的に人間の心と行動を研究します。
心理学の学問としての目標は、
私たちが今まで以上にもっと幸せになること。
私たちの願望を、
科学的な手法によって叶えるための方法を探求する学問
といってよいでしょう。

❦

心理学についての、よくある勘違い

占い師　　　　　精神科医

心理学者

心理学は
精神医学とは別の学問

第1週
第2週
第3週
① ② ③ ④ ⑤

　読者のみなさんは、心理学という学問は、どんな学問だと思っているでしょうか。

　よくある勘違いなのですが、心理学者は、精神科医ではありません。

　心理学者は、心理学という学問の研究者。ところが、精神科医は、お医者さん。まったく違うにもかかわらず、なぜかごちゃまぜにされてしまうことはよくあります。おそらくは、「心」と「精神」という2つの言葉が日常的にほとんど同じ意味として使われているので、多くの人は似たようなものだろうと思っているからでしょう。

　しかし、**心理学者と精神科医は、職業としてもまったく別ですし、学問としても、心理学と精神医学は別物**です。

　たしかに、心理学の中には、心の病気を癒やすことを専門にやる領域がありまして、こちらは「臨床心理学」と呼ばれています。では、カウンセラーとか、セラピストとか、臨床心理士と呼ばれる人は、精神科医と同じなのでしょうか。

　いいえ、これも違います。精神科医は、あくまでも医者。医者なので、お薬を使うことができます。カウンセラーやセラピストは、医者ではありませんから、薬を使うことはできません。使ったら、当然、逮捕されてしまいます。どちらも心の病気を治療することを目的とする点では同じですが、精神科医は、心理学者ではないのです。精神科医は、どちらかというとさっさと薬で治療しようとし、患者の話をしっかりと聞いて相談に乗ろうとするのがカウンセラーやセラピスト。

　ところが、困ったことに、精神科医の人たちは、平気な顔をして心理学の本を書くのです。書店に行けば、精神科医が書いた『○○心理学』といったタイトルの本をたくさん見つけることができますよ。そういうわけで、ますます多くの人が精神医学と心理学を混同してしまうのです。

心理学者と精神科医の違い

心理学者	精神科医
「心理学」の研究者	医者
臨床心理士やカウンセラーは患者の話を聞くことがメイン	薬を使って治療することができる

また、ちょっと心理学をかじった人なら、フロイトとかユングという学者の名前を聞いたことがあると思うのですが、それも残念ながら、心理学ではありません。フロイトが創始したのは、精神分析学という別の学問。心理学とは名称も違うのに、なぜか一緒にされてしまうのですよね。

さらに言うと、最近流行っている「メンタリズム」。これも心理学ではありません。メンタリストは、メンタリストであって、心理学者でも何でもないはずなのですが、なぜか一緒だと思っている人がたくさんいます。

心理学というと、「人の心を読む学問」と考える人も多いですね。たしかに、そういう領域もあります。けれども、人の心を読むといっても、行動や表情などの手がかりからきちんと分析するのであって、占いとは違います。

その意味で、占い師や、スピリチュアル○○、といった肩書の人たちも、やはり心理学者ではありません。本書は、心理学の本ですので、精神医学のお話や、メンタリズムのお話はしません。フロイトのお話も出てきませんので、この点はあらかじめご了承ください。

心理学者と精神科医の違いをもとに、
それぞれの学問への理解を深めましょう

問 1

心理学者・精神科医の違いをまとめてみましょう。

心理学者
❶心理学とはどのような学問ですか？
❷心理学者にはどのような人がいるでしょうか？

精神科医
❸精神科医と心理学者の職業的な違いは何ですか？
❹精神科医にはどのような人がいるでしょうか？

問 1

❶ _____

❷ _____

❸ _____

❹ _____

解答は 163 ページ

第2日

心理学はどのように
始まったのか？

すべての学問（心理学も）は、哲学から生まれた

私たち人間は、何千年も前からさまざまなことに好奇心を抱き、興味・関心を持ってきました。「どうして鳥は飛べるのだろう？」「どうして空の色は青いのだろう？」「どうして人は結婚するのだろう？」「どうして人は争うのだろう？」などなど。

こういう「なぜ？」「どうして？」という疑問に対する答えを見つけ出そう、という試みが学問。そして、万物のありとあらゆることを考えていこうという学問が、「哲学」です。

哲学が、「すべての学問の父」「万学の祖」と言われるのは、**どんな学問も元をたどれば哲学から始まっている**から。

ところが、「あらゆる疑問を考えよう」という姿勢では、あまりにも範囲が広すぎるので収拾がつかなくなってきました。そのため、自然な流れとして、特定の出来事や、非常に限定された対象だけを考えようよ、という集団（グループ）が出てきました。

「他のことはどうでもいいから、俺たちは星の動きだけを考えたいんだ！」という人たちが集まり、哲学から離れて天文学という学問を作りました。「僕たちは物体の動きだけを考えたいんだよね」というサークルもあって、やはり哲学から離れて、物理学という学問を作りました。

同じように、「純粋に数のことだけを研究したい」という人たちが数学を、「人間の身体の仕組みと病気のことだけを扱いたい」という人たちが医学を、というように、どんどん新しい学問が生まれていきました。

ところが、他の学問がどんどん巣立っていったというのに、心理学が哲学から枝分かれして、明確に袂を分かつのは、なんと19世紀も後半になってから。それまでは、ずっと哲学だったのです。

記憶の研究で有名なエビングハウスが「心理学の過去は長いのに、歴史は短い」と述べているように、心理学にはせいぜい 150 年くらいの歴史しかありません。

　大学の心理学部の講座には、心理学の歴史を学ぶ「心理学史」という授業があったりするのですが、心理学史とは名ばかりで、ほとんどがアリストテレスやプラトンといった哲学のお話が中心になってしまうのも、心理学がずっと哲学の仲間だったからなのですね。

実験や調査、観察に基づく科学として心理学は成立した

「人間とは何ぞや？」「なぜ人間には道徳が備わっているのか？」「なぜ人は恋に落ちるのか？」ということを、頭の中でいくら考えていても、はっきりした答えは見つかりません。哲学では、1000年も2000年もそういう作業をしてきたのですが、頭だけで考えているのではいつまで経っても永遠に答えなど見つからないのではないか、不毛な議論をくり返すだけなのではないか、と考える人たちがあらわれてきました。

第1週 第2週 第3週 ① ❷ ③ ④ ⑤

Aさんは「○○が正しい」と言い、Bさんが「いいや、□△のほうが正しい」と意見が食い違ったとき、どうやって白黒をつければよいのでしょう。

宗教を例にとってみるとわかりやすいのですが、決着などつきませんよね。お互いに、自分の主義・主張のほうが正しいと思い込んでいるわけですから。宗教的な論争が宗教戦争を引き起こしてしまうのも、お互いの主義・主張というものは、どうやっても白黒がつけられないからです。もう、最後には殴り合うしかないのですね。

「これでは話がまったく進んでいかない」と考えた初期の心理学者たちは、頭の中だけであれこれと考えるのをやめようと決めました。そして、**実験や調査、観察などに基づいて、できるだけ客観的な、科学的な方法に基づいて人間の心と行動を研究すること**にしたのです。

哲学も心理学も、人間の感情、理性、道徳、愛情といったものを扱う点では学問的に同じですが、「科学的な手法を使う」という点で、心理学は区別されます。こうしてようやく心理学は、哲学から巣立つことができたのです。

扱うテーマ

人間の感情、理性、道徳、愛情	科学的な方法を使う →	心理学
	科学的な方法を使わない →	哲学

数学や天文学といった、哲学からずいぶん古くに枝分かれした学問については、成立した時期を決めることは難しいのですが、心理学については、もうはっきりしています。成立は1879年、ヴィルヘルム・ヴントという人物がライプチヒ大学に初めて実験心理学の研究室を作ったときです。比較的に若い学問なので、成立時期も確定しているのですね。そのため、**ヴントは「心理学の祖」「実験心理学の父」と呼ばれることになりました。**

　ちなみに、ヴント自身は大学の哲学教授でした。心理学がもともと哲学だったことがこんなところからもわかりますね。

ヴント（1832-1920）

心理学の手法や重要人物について問いに答え、
心理学の特徴を理解しましょう

問 1

以下の空欄に入る言葉を書いてください。

心理学は哲学から枝分かれした学問で、その歴史は150年ほど。
哲学も心理学も、人間の感情、理性、道徳、愛情といったものを扱う点で
は学問的に同じだが、〔❶〕という点で、心理学は区別される。

問 2

心理学の祖ヴィルヘルム・ヴントについて、どのような人物だったか調べてみましょう。

問 1

❶ _____

問 2

_____

_____

_____

_____

解答は163ページ

心理学の方法は
どんなものか？

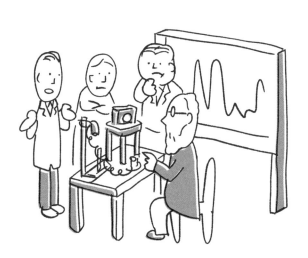

心理学はデータが命

　心理学者は哲学者のように、頭の中だけで答えを探ろうとはしません。必ず、何らかの「データ」をとり、データに語らせます。「私は、こう思います」ではなく、**「データはこう語っている」ということを示す**のです。こういう姿勢を「**実証主義**」といいます。

　心理学は科学ですので、論争が起きることがあっても、宗教や哲学の論争のようなものにはなりません。相手の意見が気に入らなければ、相手の意見と反対するデータを示せばよいのです。それで終わり。ものすごくシンプルです。

　たとえば、新聞を読んだり、テレビを見ていたりすると、「最近は、未成年者の犯罪がどんどん増えている。これは、日本の教育が悪いからであり、家庭でのしつけがなっていないからであり、政治が悪いからだ！」などと専門家がもっともらしく主張していたりします。

　さて、この意見は正しいのでしょうか。

　心理学者なら、こういうときにはすぐにデータを確認します。何か参考になるデータがないのかな、とインターネットで探ってみると、ありました、ありました。平成29年度の犯罪白書で、少年の犯罪件数の推移がわかるのです。

　「中間少年」とか、「触法少年」などのような用語は、普通の人にはちょっと耳慣れませんし、どのような区分がなされているのかはわからないのですが、全体をまとめて「少年犯罪」と考えることにしましょう。

　はい、データを見れば一発で答えがわかりますね。「少年犯罪は、ますます増えている」どころか、むしろ「着実に、減少傾向にある」のです。昭和55年から60年にピークがあって、それ以降は全体に少年犯罪は減っているのです。

　もし「少年の犯罪が増えている」と主張する専門家がいるとしたら、心理

少年による刑法犯 検挙人数・人口比の推移（年齢層別）

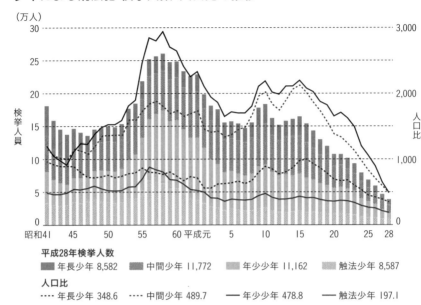

注1：警察庁の統計、警察庁交通局の資料及び総務省統計局の人口資料による。注2：犯行時の年齢による。ただし、検挙時に20歳以上であった者を除く。注3：「触法少年」は、補導人員である。注4：平成14年から26年は、危険運転致死傷を含む。注5：「人口比」は、各年齢層の少年10万人当たりの刑法犯検挙（補導）人員である。なお、触法少年の人口比算出に用いた人口は、10歳以上14歳未満の人口である。

学者はこのデータを示して、「いいえ、あなたの主張は間違っていますよ」と述べます。こういう「反証」を示すことによって、お互いの主張の正しさを確認するのが、科学としての心理学なのです。

心理学は科学。データによって反証を示すことができる

「変数」について知っておこう

　科学的な研究をするにあたっては、「**変数**」という概念を理解しておくことが非常に重要です。

　物事が起きるときには、いろいろな要因、原因が考えられるのですが、そういう要因や原因のことを、心理学では「変数」と呼んでいます。

　人間の心というものは、ものすごく複雑なので、そのままではとても研究できません。ですから、まずは人間の心をできるだけ細かく分割して、シンプルな変数にしぼって研究をしていくことになります。

　AとBという2つの変数が、どんなふうに関連し合っているのか、Aが増えればBも増えるのか、逆にAが増えれば、Bは減るのか、といった関係性を明らかにするのが基本的な心理学の研究姿勢です。

　哲学者や社会学者は、「心理学者は、あまりに人間を単純化している」といって批判することも多いのですが、科学的に研究をしようとすれば、どうしても単純な変数にしぼって研究するしかありません。

　たとえば、「暴力的なシーンの多い映画を見せると、人間は暴力的になってしまうので、あまり見せないほうがいいのだ」と主張する教育者がいるとしましょうか。

　心理学者なら、こういう主張の正しさを検証するために、さっそく測定できるように（データがとれるように）、変数を決めていきます。この例でいえば、

変数A　　暴力的な映画を見せるか、他の映画を見せるか
変数B　　映画を見せると攻撃的になるのかどうか

ということになります。もっと詳しく言うと、実験的に操作する変数のことを「独立変数」、測定するデータにかかわる変数のことを「従属変数」といったりするのですが、わかりやすくするため、ここではただ「変数」と呼んでおきましょう。

　実は、これについてはすでに実験がなされているのでちょっとご紹介して

おきましょう。

　カナダにあるビショップス大学のステファン・ブラックは、映画館にやってきて、暴力的なシーンの多い映画（邦題は『地獄のヒーロー』）を見ようとする人と、暴力的なシーンのない映画（邦題は『インドへの道』）を見ようとする人に声をかけて、実験に参加してくれないか、とお願いしました。

　そして、映画が始まる前と、映画を見た後とで、攻撃性を測定する心理テストを受けてもらったのです。その結果、次のようなデータが得られました。

	鑑賞前		鑑賞後	
	男性	女性	男性	女性
暴力的な映画	12.3	12.4	14.8	14.7
暴力的でない映画	9.0	8.8	8.6	9.3

※：数値は、22点満点で、数値が高いほど攻撃的であることを示します。

　このデータが示している結論は2つ。

結論1．男性でも、女性でも、もともと攻撃的な人ほど、暴力的な映画を好んで見ようとするようだ。
結論2．もともと攻撃的な人でも、暴力的な映画を見ると、さらに攻撃性が高まるようだ。

　心理学の研究というのは、だいたいこんな感じで行われていきます。結局、この実験からは、「暴力的な映画を見せると、人の攻撃性も高まる」といえますから、小さな子どもにはあまり見せないほうがいいのかもしれないな、ということも言えるわけです。

　もしこの結論に納得がいかないというなら、どうすればいいのでしょうか。

　簡単な話で、自分でも別の実験をやり直せばいいのです（「追試研究」といいます）。もし違う映画を使って実験をやり直せば、違う結果が得られるかもしれません。そうやって、反証となるデータをぶつけ合うことによって、科学的な研究蓄積がどんどん増えていき、心理学は進歩していくのです。

心理学の3つの研究法

研究法その 1 実験

　心理学者にとっての武器（研究法）は、いくつかありますが、代表的なものとしては3つあります。ひとつは実験。もうひとつは観察。そして、最後はアーカイバル・データです。心理学のだいたいの研究は、このどれかに基づいて行われます。ひとつずつ説明していきましょう。まずは実験法。

　物理学や化学の人たちから見れば、とても厳密とは言えないのでしょうが、心理学者も実験を行います。いろいろと**実験変数（条件）を変えながら、それぞれの結果を比較していく**のですね。たとえば、「インチキでもいいから笑顔を見せるようにしていると、本当に楽しい気分になってくる」という説を思いついたとしましょう。これはまだ「仮説」にすぎません。そして、仮説が正しいのかどうかを判断するにはどうすればよかったのでしょうか。そうです、実験をしてデータをとればよかったのですよね。

　ドイツにあるマンハイム大学のフリッツ・ストラックは、この仮説を検証するための実験をしています。

　インチキな笑顔を作らせるため、ストラックは、ある条件の参加者には「歯でペンを噛んでほしい」と求めました。歯でペンを噛んでみればわかりますが、だれでも自然に笑顔のような表情になってしまうのです。

　別の条件の参加者には、「唇でペンを押さえてほしい」とお願いしました。これも実際にやってみるとわかるのですが、だれでも唇が突き出されたようになり、自然とふくれっ面になるのです。

　さらにストラックは、比較のための条件も作りました。この条件では、ただペンを手に持っていてもらいました。これをコントロール条件とか、比較条件といいます。さあ、このようにして3つの条件（変数）を設定したところで、4つの漫画を読ませて、面白さを10点満点で評価してもらったのです。すると、次のような結果が得られました。

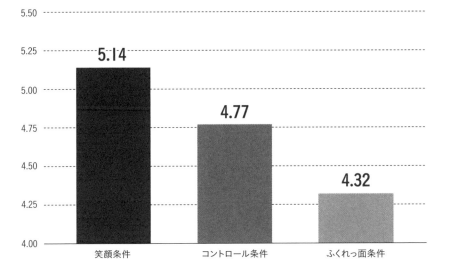

　どの条件でも、読ませた漫画は同じなのですから、面白さの評価も同じで
なければなりません。ところが、「笑顔」を作りながら漫画を読ませた条件
では、楽しい気分になるのか、面白さを高く評価するようになっていること
がわかります。比較のために設定したコントロール条件に比べれば、面白さ
の数値が高いですよね。逆に、ふくれっ面を作らせて漫画を読ませた条件で
は、同じ漫画を読んでも、「面白くない」と答えていることがわかります。

　こうしてデータをとることで、「インチキでも笑顔を見せていると、楽し
い気分になる」という仮説の正しさが明らかにされるのです。ついでに、「唇
を尖らせて、ふくれっ面をしていると、不愉快な気分が高まるのか、面白く
感じなくなってしまうよ」ということもわかりました。

　人間の心というものは、自分がどんな表情をしているのかで変わってきて
しまう、ということが実験によって確認されたといえます。ちなみに、この
現象には名前もついていて、「フェイシャル・フィードバック効果」と呼ば
れています。

研究法その 2 観察

　心理学者の武器は、実験だけではありません。実験室での実験が難しいときには、自らが現場に出向いて、事態を観察することもあります。ストップウォッチやら、メモを取るノートなどをこっそりと持って行って、**観察をしながらデータをとる**のですね。

　たとえば、酔っぱらった人たちは、ケンカをしやすくなるものです。では、そういうときに周りの人たちは、どれくらいの割合で止めるのでしょうか。みんな見て見ぬふりをしそうな気もしますし、勇気を出して仲裁に入る人もそれなりにいるような気がします。

　さて、ケンカの仲裁についての事実を調べてみようと思っても、これを実験するのはとても難しいですよね。スタントマンや俳優を雇い、殴り合っているような場面を演出してもらってもよいのですが、実験参加者にもインチキだとすぐにバレてしまいそうですし。

　こういうときに便利なのが、観察法。実際にケンカが発生するところに出向いて、周囲の人たちが仲裁するかどうかを確認するのです。

　ペンシルバニア州立大学のマイケル・パークスは、カナダのトロントにあるバーとナイトクラブで、金曜日と土曜日の夜に、アシスタントを送り込みました。時間は真夜中の0時から2時まで。

　なぜ金曜日と土曜日かというと、この両日がもっともお店が混みやすいからで、時間が真夜中なのは、この時間になるとたいていの客は酔っぱらうので、ケンカが起きやすくなるためです。

　アシスタントはお客を装いながら、じっとケンカが起きるのを待ち、ケンカが起きたら、どれくらい他のお客が止めに入るのかを観察しました。観察期間は500日を超え、集めたデータの数は860件に上りました。

　その結果、ケンカが起きると、33%のケースで、無関係な他のお客が止めに入ることがわかりました。そして、止める人の80%は男性でした。女性はあまり仲裁には入らないようです。

　また、男性同士のケンカでは、72%のケースでだれかが止めに入りましたが、男性と女性が激しく言い争うようなケンカでは、止める人は17%にす

ぎませんでした。

　男性同士のケンカは、危険度が高いのか、すぐに他の人が止めますが、男性と女性のケンカのときには、大半の人が見て見ぬふりをします。「まあ、そんなにひどいことにはならないだろう」と思うからかもしれません。

　こういうやり方で研究を進めていく方法は、**観察法**と呼ばれています。

　心理学では、記憶の実験や認知の実験では、厳密な実験室で実験が行われたりしますが、なかなか実験をするのが難しいことも多いので、観察法もよく利用される方法です。

ケンカを止める人の80％
は男性だった

男女のケンカを止める人
は17％にすぎない

研究法その3 アーカイバル・データ

　自分自身では、実験も観察も行わない、という研究法もあります。心理学者が面倒くさがって実験をしないからでは、もちろんありません（笑）。

　世の中には、自分で調べなくとも、さまざまな資料、統計などがすでにそろっていることが多いのです。中央省庁が刊行している各種の「○○白書」と呼ばれるデータなどがそうです。多くの企業がとっている調査データなどもインターネットで検索をすれば手に入れることができます。

　そうした資料や統計のデータは、「**アーカイバル・データ**」と呼ばれるのですが、すでに存在するデータを改めて分析することでも、いろいろなことがわかるのです。

　マサチューセッツ工科大学のジョナサン・グルーバーは、アメリカのアーカイバル・データを使って、非常に興味深いことを明らかにしています。

　少子化の影響で、分娩件数が減ると、当然のように、産科医と婦人科医の収入は減ってしまいます。

　では、産科医と婦人科医は、どのようなやり方で収入減を埋め合わせているのでしょう。

　もっとも簡単なやり方は、帝王切開。自然分娩よりも、帝王切開をしたほうが、入院日数もかかりますし、たくさんお金をとれるからです。

　「医は仁術なり」とはいうものの、お医者さんだってお金がなければ生きていけません。そのため、収入減を埋め合わせるために、簡単にお金を稼ぎ出せる帝王切開をたくさんするようになるはずです。

　もちろん、お医者さんは、こんなことを言われたら猛烈に反発するでしょう。「そんなことをするわけがあるか！」と。

　もし産科医にアンケートを送って、「あなたは収入減を埋め合わせるために、患者にその必要がなくとも帝王切開を選択することがありますか？」などと尋ねても、おそらくは「ノー」としか答えないでしょう。

　こんなときこそ、アーカイバル・データが役に立ちます。

　グルーバーが、アメリカの州ごとの出生率の減少のデータと、州ごとの帝王切開の件数データを調べてみると、この2つにはきれいな相関関係が見ら

れました。出生率が低い州ほど、帝王切開の件数は増加していたのです。

　お医者さんは、「そんなことはない！」というかもしれませんが、実際のデータは、お医者さんもやはり人間なのであって、収入が減ったら、それを埋め合わせるようなことをしていることがわかったといえます。

　アーカイバル・データを見直してみると、ものすごく面白い関係性を発見できたりします。心理学者は、そういう探索が大好きなので、アーカイバル・データはものすごく貴重ですし、大変に役に立つ武器です。

　ただし、２つの変数に何らかの関係が見られるように思えても、２つの変数がたまたま偶然に関連し合っているだけで、実際にはまったく何の関係もない、ということもあります。これは「**疑似相関**」と呼ばれています。

　２つの変数が正しく関連し合っている、という主張を強めたいのであれば、同じような調査を何度もくり返すことが必要になります。

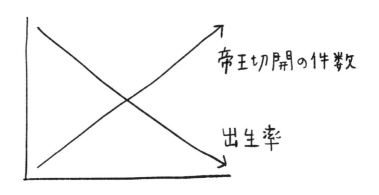

心理学者の研究法３つ

実験	観察	アーカイバル データ

心理学の研究はこのいずれかに基づいて行われる

心理学的な実験手法を自分で考え、
心理学の方法論への理解を深めましょう。

問 1

「日本人は世間の目を気にしすぎる」などとよく言われますが、これは本当でしょうか？　確かめるために、どんな実験あるいは調査をしたらよいと思いますか？

問 1

_____

_____

_____

_____

解答は 163 ページ

心理学と 他の学問の関係は？

心理学の領域は
どんどん広がっている

　最近は、どの学問もそうですが、2つ以上の学問が融合しながら、新しい学問領域を形成していく、という流れが見られます。

　たとえば、心理学者と経済学者が一緒になって、心理経済学、あるいは行動経済学という学問が生まれました。犯罪学者と心理学者が一緒になって、犯罪心理学という学問も生まれました。

　同じように、交通心理学、医療心理学、教育心理学、社会心理学、政治心理学、文化心理学、生理心理学、スポーツ心理学、言語心理学、神経心理学などなど、いったいどれだけあるのか、わからないほどに心理学の世界が広がっているという事実もあります。

　そのため、同じ心理学者であっても、ちょっと専門が違うとお互いに何をやっているのかさっぱりわからない、ということもしょっちゅう起きています。

　さまざまな心理学者において、唯一共通しているのは、きちんと客観性のあるデータに基づいて研究をしていこう、というスタンスだけ。そこだけは共通していますが、後はもう、何をやっても自由、という懐の深さが心理学にはあるのです。

　ここでひとつ、豆知識を。

　2つの学問が交流するときには、非常によく似た名前になります。たとえば、次のように。

心理経済学　　　経済心理学
心理生理学　　　生理心理学

　「どちらも同じじゃないの？」と思うかもしれませんが、ちょっと違うのです。こういう学際的な学問（2つにまたがる学問）では、"基本的に後ろのほうに、ウェイトが置かれる"というルールを知っておくと便利です。

たとえば、「心理経済学」は、「経済学」が後ろに置かれているので、どちらかというと経済学寄りの学問ですよ、という意味になりますし、「経済心理学」は、どちらかというと心理学寄りです。同じように、「心理生理学」は、どちらかというと生理学で、「生理心理学」はどちらかというと心理学。

紛らわしいのですが、「基本は後ろ」と覚えておくと間違えません。

さて、本書では、なるだけ幅広い心理学の領域を味わっていただけるよう、さまざまな領域の心理学の研究をご紹介していきたいと思います。

「えっ、こんなことも心理学では研究するの！？」とビックリするようなデータも取り上げることになると思いますが、それだけ心理学が多様な領域を扱う学問なのだということをご理解いただけると思います。

もちろん、取り上げるトピックは違っても、実験や観察、あるいはアーカイバル・データといった方法で研究を進めているので、いったいどんな実験をして、どんな結論が得られたのか、といったことはだれでも簡単に理解できますからご安心ください。

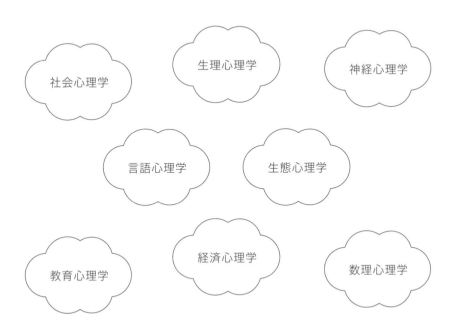

社会心理学　生理心理学　神経心理学　言語心理学　生態心理学　教育心理学　経済心理学　数理心理学

知 識 を 自 分 の も の に す る た め の 独 学 テスト

自分の仕事や興味ある分野と
心理学の関係を考えてみましょう

問 1

自分の仕事、学んでいる分野、趣味などに心理学を応用するとしたらどのようなものが考えられますか？
書籍やインターネットなどを使って、応用できる可能性があるものを調べてみましょう。

問 1

解答は 164 ページ

心理学は人が
幸福になることを目指している

私たちの願望を
科学的手法によって叶える

心理学における学問としての目標は、私たちが、今まで以上にもっともっと幸せになること。

心理学は、私たちが「〇〇したいな」と思っている願望を、科学的な手法によって叶えるための方法を探求する学問です。たとえば、これまでの心理学の知見（研究で得られた知識）を使えば、次のような望みに対する解決法を提示することができます。

第1週 第2週 第3週 ① ② ③ ④ ❺

〇お金持ちになるための方法を知りたい

〇大好きな人と恋人になりたい

〇自分の子どもが、優秀な大人になってほしい

〇会社の中で、どんどん出世してゆきたい

〇自社の製品の売り上げをもっと伸ばしたい

〇ご近所トラブルなどが起きないようにしたい

〇できるだけ長生きしたい

〇効率の良い学習方法を知りたい

〇クラスの、あるいは職場の人気者になりたい

〇もっとコミュニケーションがうまくとれるようになりたい

〇落ち込んだ気分をすぐにスッキリさせたい

〇せっかちな性格を改善したい

〇成功するダイエットの仕方を教えてほしい

心理学を学べば、もっと他にもたくさんの願望を叶えることができます。とても有用な学問であることが、ご理解いただけると思います。

政治学を勉強すれば、立派な政治家になれるのかというと、なかなかそういうわけにはいきません。経済学の勉強をすれば、簡単に株で儲けることが

できるのかというと、そういうわけにはいかないのです。

　ところが心理学の勉強をすると、その日のうちから、すぐに自分でも実践できます。心理学という学問は、私たちの日常生活に密接にかかわるような現象を取り扱う学問なので、すぐに実践可能というメリットもあるのです。

　ぜひ、本書で心理学を学んで、読者のみなさん自身が幸せになっていただきたいと思います。

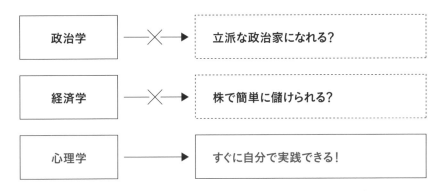

政治学	——✕→	立派な政治家になれる?
経済学	——✕→	株で簡単に儲けられる?
心理学	——→	すぐに自分で実践できる!

心理学は願望を科学的手法によって叶える

心理学を実生活に応用できる方法を考えてみましょう。

問 1

「落ち込んだ気分をスッキリさせたい」という際に、まず考えるのがストレス発散方法ではないでしょうか？　みなさんはどのようにストレス発散しますか？

仮説を立て、それが正しいかどうか検証してみましょう。

問 1

_____

_____

_____

_____

解答は164ページ

第**2**週

心理学で
自分と他人を知る

❦

❦

❦

第2週からは、
世界中で行われている最新の研究成果を紹介しながら、
心理学の方法や考え方を理解していただこうと思います。

特にこの週では、
自分自身のこと、身近な人との関係について
心理学がどう影響するのかを見ていきます。
心理学をうまく使えば、
やる気をコントロールしたり、
人間関係にいい影響を与えたりすることができます。

自分と他人をより理解し、
適切な判断やいい関係を構築できるヒントを学んでいきましょう。

❦

人の心は
どこまでわかる?

SNSで、人を丸裸にできる

フェイスブックや、ブログ、ツイッターなどでの発言を見れば、その人がどんな人なのかをプロファイリングすることは難しくありません。

実際にその人に会ったわけでも、知り合いでなくとも、その人の性格やら行動習慣などは、簡単に読めてしまうものです。超能力者でも、心理学者でもないみなさんでも、簡単にできますよ。

ケンブリッジ大学のマイケル・コシンスキは、フェイスブックのユーザー58466名分のデータを使い、彼らが公表しているプロフィール情報から、どれくらいのことが読めてしまうのかを検証してみました。

その結果、プロフィール情報だけで、その人がアフリカ系アメリカ人なのか、それともヨーロッパ系アメリカ人なのかを95%の正しさで見抜くことができ、男性なのか、女性なのかを93%の正しさで見抜くことができ、政治的な信念（民主党支持者なのか、共和党支持者なのか）を85%、喫煙者がどうかを73%、21歳まで両親と一緒に暮らしていたかを60%の正しさで見抜くことができることを突き止めています。

フェイスブックのユーザー 58466 名分のデータで検証

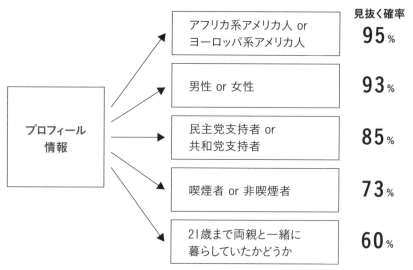

また、コシンスキは、フェイスブックのユーザーに心理テストを受けてもらって、プロフィール情報からでも、知的な人かどうか、計画性のある人かどうか、社交的な人かどうかを見抜けることを明らかにしています。

　相手がSNSをやっているのなら、それを調べてみるだけで、だいたい相手がどんな人なのかは丸裸にできるといえるでしょう。

　「週末に息子とキャッチボールをして遊んだ」と、ある人が個人情報を公表していれば、その人は、少なくとも一度は結婚したことがあるであろうこと、お子さんがいること、しかも子どもが小さな息子であること、外で遊んでいるということはどちらかといえばインドア派でなく、アウトドア派であること、スポーツが好きそうであること、いいお父さんであること、といったことが推測できるわけです。

　ビジネスにおいては、初対面の相手（それがお客さまでも、取引先の人でも）については、相手がどんな人なのかの事前情報を知っておくと非常に役に立ちます。

　昔なら、そういう情報を知るのはかなり難しかったのですけれども、今では簡単に相手のことを調べることができます。あらかじめ、相手がネコを飼っていることを知っていれば、初対面であってもネコの話で盛り上がることができるかもしれませんし、それをきっかけにうまく仕事をとることができるかもしれません。

　人を知る上で、SNSは非常に役に立つツールですから、気になる人がどんな人なのかを知りたいなら、ぜひSNSを活用してみてください。

SNSの情報からいろいろなことがわかる

ステレオタイプは
当てにならない

　お笑いタレントといえば、いつでもニコニコしていて、ひょうきん者で、サービス精神に溢れていて、気さくな人のようなイメージがあります。明石家さんまさんのように。

　けれども、これは一般人が持つ勝手なイメージであって、実際にはそんなこともない可能性があります。

　「お笑いをやっている人のほうが、性格もよさそうだし、お付き合いをするのならお笑いの人がいいなあ」と思っている人がいるとしたら、ちょっと待ったほうがいいかもしれませんよ、と教えてあげてください。

　ニューメキシコ大学のジル・グリーングロスは、プロのコメディアン31名、アマチュアのコメディアン9名、ユーモア作家10名、大学生400名に性格テストを実施し、その結果を比較してみました。すると、次のような結果が得られたそうです。

	プロ	アマチュア	ユーモア作家	大学生
人当たりの良さ	50.80	50.11	59.70	53.34
外向性	55.90	58.77	62.90	60.77

※：数値は、高いほどに「人当たり」がよく、「外向的」であることを示します。

　あれあれ、一般のイメージと違って、プロとアマチュアのコメディアンの人は、人当たりはそんなによくありませんし、外向的（社交的）なのかと思いきや、そんなこともないことがわかりますね。

　お笑いをやっているからといって、人当たりがよいだろうというのは単なる思い込み。実際にはそんなことはありません。テレビに出てくるお笑いタレントだって、人当たりがよさそうなのは、いってみれば外面というか、あ

くまでも仕事上での演技なのであって、本当のところは、1人で部屋にこもって、趣味に没頭しているほうがずっと好きなのかもしれません。

　私たちは、ともすると職業的なステレオタイプで人を判断してしまいがちです。

　銀行員や公務員は、真面目でお堅い人ばかりなのかというと、実際には、そうでもない人もたくさんいますし、お笑いタレントも、みんなでワイワイと騒ぐのが好きな人たちだというのも、思い込みにすぎません。むしろ、お笑いタレントには、人当たりがそんなに良くない人のほうが多いようですね。

　職業的なステレオタイプは、まったくアテになりません。その人を知りたいなら、とにかくその人と親しく付き合ってみればいいのです。しばらく付き合ってみれば、その人のことが自然とよく理解できますし、「職業なんて全然関係ないのかもしれないな」ということもわかるはずです。

大学教授　　コメディアン　　銀行員

職業的なステレオタイプは当てにならない

人前で話すのは誰でも怖い

　私たちにとって、「死ぬこと」以上に怖いことなど何もないのかと思いきや、調べてみると死ぬこと以上に怖いと感じることがいくつかあるようです。いったい、どんなことだと思うでしょうか。

　「なあんだ」と思われるかもしれませんが、**多くの人にとって死ぬこと以上に怖いのは、「人前で話すこと」**。

　ネブラスカ大学のカレン・ドワイヤーは、815名の調査対象者にさまざまな恐怖のリストを見せて、怖いと感じるかどうかを尋ねました。そして多くの人が恐怖の対象とするもののランキングを作ってみたのです。すると、次のような結果になりました。

	怖いと感じる項目	怖いと感じる人の割合
1位	人前でのスピーキング	61.7%
2位	金銭的問題	54.8%
3位	死	43.2%
4位	孤独	38.3%
5位	高いところ	37.7%
6位	虫	33.4%
7位	深い水の中	27.2%
8位	暗いところ	21.1%
9位	病気	18.9%
10位	飛行	8.3%

堂々の1位は「人前でのスピーキング」。人前でしゃべることが平気な人からすれば、驚くような結果かもしれませんが、これが1位。死ぬこと以上に怖いことはもうひとつあって、それは「お金」。たしかに、お金がないことを考えると、死んだほうがマシ、と感じることも多いのでしょう。

　私の勝手なイメージですと、欧米人は、日本人と違って人前でしゃべることにまったく何の苦痛も感じないように思われます。シャイな日本人を対象にした調査なら、この結果にもうなずけるのですが、欧米人も日本人と同じく、やはり人前で話すのはあまり好きではない……というより、死んだほうがマシと思うくらいイヤなことらしいですね。

　では、どうすれば「人前でのスピーキング」の恐怖を克服できるのかというと、残念ながら便利な特効薬はありません。唯一、とにかく場数を踏んで、慣れてしまうしか、有効な方法はないのではないかと思います。

　他の動物にとっては、おそらくは生命にかかわることが一番の恐怖だと思うのですが、人間だけは他の動物と違って、おかしなことにもっとも恐怖を感じるといえるでしょう。

人前で話すことが怖い人は非常に多い

政治家に長男・長女が多い理由

　政治家には、調べてみると、なぜか異様に長男と長女が多いのですよ。もう、不思議なくらい長男と長女だらけ。

　麻生太郎さんとか、河野太郎さんのように、「太郎」という名前の政治家は多いのですが、「太郎」というのは、長男につけられることの多い名前ですから、政治家に「太郎」という名前が多いのもうなずけます。もちろん、小泉進次郎さんのように次男、三男の人がいないわけではありませんが。

　では、なぜ政治家には長男・長女がこんなに多いのでしょう。

　オランダにあるライデン大学のルーディ・アンデウェグによると、それは親のしつけと関係があります。

　たいていの親は、長男と長女にはものすごく大きな期待を持ちますし、厳しくしつけます。しっかりした大人になってもらいたいので、そうするのですが、そのため長男と長女は責任感があって、しっかり者になりやすいのです。

　兄弟の出生順位でいうと、2番目、3番目、4番目となると、親も教育をするのに疲れてしまうのか、だんだんいいかげんになってきます。そのため、2番目や3番目になると、自由にのびのびと育てられ、性格のほうもいいかげんになりやすいのです。

　また、長男と長女は、兄弟姉妹の中では、一番上なので、家庭の中でリーダーになりやすいことも理由に挙げてよいでしょう。**長男と長女は、兄弟との付き合いの中で、リーダーシップも自然に養われていくのです。**こうした理由によって、長男と長女は、非常に政治家向きの人格を形成していくのだろう、というのがアンデウェグの指摘です。

　アンデウェグが、オランダの地方議員と国会議員の両方を調べても、やはり長男と長女が圧倒的に多く、中間子（真ん中）は非常に少なかったそうです。

　政治家は、国民を守るために、しっかりした人になってもらわなければ困ります。中途半端なところで、簡単に諦めて投げ出すような人では、私たち

も困ってしまいます。そのため、政治家に長男と長女が多いということは、まずは安心できるといえるでしょう。長男と長女には、面倒見がよく、世話焼きで、しっかりした人が相対的に多いですからね。

　ついでにもうひとつ面白い研究をご紹介しておきましょう。

　米国ロード・アイランド・カレッジのロジャー・クラークは、197名のノーベル賞受賞者の出生順位を調べて、物理学、化学、経済学、医学の受賞者には長男と長女が多く、文学と平和の受賞者には末っ子が多いことを突き止めました。

　しっかり者の長男と長女は、研究するときにも簡単に諦めたりしませんし、投げ出したりもしません。コツコツと同じ研究にずっと取り組むことができることが、ノーベル賞受賞につながるのでしょう。

　その点、末っ子のほうは、わりとのびのびと育てられるので、そのぶん自由な発想ができるような大人になり、そのことが文学賞や平和賞の受賞につながるのかもしれません。

ノーベル賞受賞者の出生順位（197名）

長男、長女が多い	末っ子が多い
物理学　化学 経済学　医学	文学　平和
責任感がありコツコツ研究に 取り組める傾向	のびのび育てられるため 自由な発想ができる？

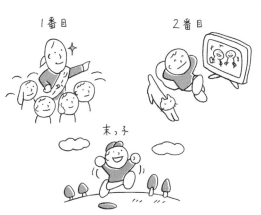

末っ子ほど、
リスクをおそれない

　長男と長女が、どちらかというと保守的で、あまり危険を冒さないタイプに成長するのに対して、**末っ子のほうは逆にリスク・テイカーとして成長し**ていくことも知られています。

　カリフォルニア大学バークレー校のフランク・サロウェイの研究によると、末っ子は、第一子（長男・長女）に比べて、1.48倍もリスクの高いスポーツを好むそうです。ラグビーやアメフトなど、激しいぶつかり合いを好むのが末っ子。長男と長女は、水泳ですとかゴルフですとか、あまりケガをしないスポーツを選ぶ傾向があります。

　サロウェイはまた、兄弟がともにメジャーリーガーになった700名を分析し、弟のほうが盗塁の試みを10.6倍もすることを突き止めました。10倍ですよ。

　お兄ちゃんのほうはというと、無謀な盗塁をあまりしません。もし盗塁に失敗してアウトにでもなったら、元も子もないと判断するのでしょう。お兄ちゃんはそういう危険をあまり冒したくないのです。

　その点、弟は違います。リスクをとるのに躊躇しません。自分が走れると判断すれば、積極的にチャンスを狙っていく、という挑戦的な姿勢を持っているのです。そういう姿勢が功を奏するのか、サロウェイによれば、弟のほうが、お兄ちゃんに比べて盗塁を成功させることも3.2倍多かったといいます。

兄弟メジャーリーガー700名の分析

盗塁の試み **10.6倍**

盗塁の成功 **3.2倍**

兄　　　弟

弟のほうがリスクをとる傾向

リスクをとるのがよいのか、それともリスクを避けたほうがいいのかは状況によります。どちらのほうがよい、というわけではありません。ただ、「そういう事実がある」ということを述べているだけです。

　もし自分が兄妹の下の人は、「リスク・テイカーになりやすい」という事実を知ると、「なるほど、だから私は小さな頃から、危なっかしいことばかりやっていたのか」ということに納得できるかもしれません。私がそうでした。

　私には、姉がおりますので、やはりリスク・テイカーなところがあります。長女の姉は、石橋を叩いて、叩いて、それでも石橋を渡らないくらいにリスクを回避しようとしますが、弟の私のほうは、がむしゃらに突き進んで痛い思いをすることが多いタイプです。まさにサロウェイが明らかにしている事実通りなので、笑ってしまいますね。

　兄弟の出生順位に関しては、自分ではどうにもならないことなので、それはもう受け入れるしかないのですが、自分が長男であるとか、末っ子であるということに向いている適性や適職というものがあるはずですので、そういうものを探してみるとラクな人生を歩めるのではないでしょうか。自分に不向きな仕事をするのは苦痛でしかありませんからね。

長女

次女

人の性格と心理学について、理解を深めましょう。

問 1

血液型や星座によって性格を分類する手法がありますがこれは科学的に根拠がありません。

なぜそういえるのか、心理学の現象をもとに説明してください。

問 1

_____

_____

_____

_____

解答は 164 ページ

第**2**日

やる気と集中力を
上げるには？

気分を盛り上げたいのなら、大好きな人の画像を見る

　気分が落ち込み、何をしていても面白く感じられなくなっているのなら、自分の大好きなアイドルや、イケメン俳優の画像を探してしばらく眺めてみましょう。そうすれば、気分が上向きになります。

　このときのポイントは、きちんと正面向きで、こちらを見つめてくるような画像を選ぶこと。横を向いていたり、下を向いていたりする画像はダメです。効果がありません。

　たとえ画像であっても、私たちは魅力的な人と見つめ合っているように感じると、気分が盛り上がるのです。

　朝、起きたときにどうしてもやる気が出ないとか、仕事で疲れていても、もうひとふんばりしたいときにも、このテクニックは役に立ちます。自分が好きな人と目を合わせて見つめ合えば（それが画像でも）、モチベーションは上がってきますよ。

　「ウソだろう」と思われるかもしれませんが、これは本当のお話。

　ロンドン大学のナット・カンプは、40枚の魅力的な人の写真を用意し、その写真を見つめているときの脳の活動を調べてみました。

　なお、写真の人物は、正面向きのものと、横を向いているものを準備しておきました。

　すると、魅力的な人と、まっすぐに見つめ合っていると思うと、私たちの脳のうち、**腹側線条体と呼ばれる領域が活性化**することがわかったのです。この領域は、**ドーパミンと呼ばれる快楽物質を分泌する**ときに関連した領域です。

　たとえ、魅力的な人であっても、横向きの写真ではダメでした。そっぽを向かれていると思うと、快感は得られません。

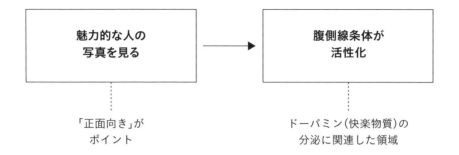

| 魅力的な人の
写真を見る | → | 腹側線条体が
活性化 |

「正面向き」が
ポイント

ドーパミン（快楽物質）の
分泌に関連した領域

　どうして画像を見ただけで、快感や興奮をつかさどる脳の領域が活性化するのかというと、私たちの脳は、現実とそうでないものをあまり上手に区別できないからです。**たとえ写真であっても、私たちの脳は、あたかも現実の本人が目の前にいるかのように反応してしまいます。**

　ついでにいうと、ひょっとしたら、写真などの画像すら必要がない可能性があります。

　たとえば、頭の中で、自分の大好きな人が自分と目を合わせているところを空想（妄想？）するだけでも、私たちの脳は、おそらく興奮するでしょう。なぜなら、脳は、現実と空想をあまり区別できないからです。

　大好きな人の写真を机の横にかざったり、ポスターを壁に貼っておいたりして、それを見つめると仕事のやる気が出てくるかもしれません。とはいえ、あまりそちらに意識を向けると、肝心の仕事に集中できなくなってしまうので注意も必要ですが。

大好きな人の写真を見ると
やる気が上がる

イライラ気分を吹き飛ばすなら、
寝転んでみる

　私たちは、2つの感情を同時に感じることはできません。

　怒りと幸福を同時には感じられませんし、悲しみと喜びを同時には感じられないのです。だれでも、一度に感じられる感情は、ひとつだけ。これは絶対にそうなのです。

　ということはですよ、もしイライラ感が募ってきたときに、気分がリラックスするようなことをすれば、イライラ感は消えてなくなるのではないでしょうか。なにしろ、人間は2つの感情を感じることはできませんから。

　ようするに、イライラ感に、リラックス感をぶつけて、イライラ感のほうを消してしまえばいいのです。

　ドイツにあるポツダム大学のバーバラ・クラーエは、だいたいこんな感じで仮説を立てました。イライラ感には、リラックス感をぶつければたちどころに消えてしまうのではないか、と。

　そこでさっそく79名の参加者を集めて、実験をしてみることにしました。

　実験はとてもシンプル。まずは、参加者に挑発的なことを言って怒りを高めました。参加者にとっては、不愉快なことだったかもしれませんが、科学の進歩のために少しだけ我慢してもらったのです。

　次にクラーエは、参加者を2つの条件で分けました。片方の条件では、椅子に背筋を伸ばして座ってもらい、もう片方の条件では、リクライニングの椅子でゆったりと座ってもらったのです。

　すると、リクライニングの椅子でゆったりした姿勢をとらせた条件では、リラックス感が高まり、イライラ感は減少することがわかりました。**リラックス感は、イライラ感を打ち消す効果がある**ことがわかったのです。

　読者のみなさんも、日常生活の中で、イライラとストレスが溜まるようなことがあったら、すぐにリラックスすることを考えてみてください。

　人のいないところに行き、ネクタイをちょっとゆるめてラクな姿勢をとり

ましょう。外にいるのなら、公園のベンチでちょっと横になるのもいいかも
しれません。そうやって、くつろいだ姿勢をとっていれば、イライラ、ムカ
ムカした気持ちはすぐに消えます。

　先述したとおり、人間は2つの感情を同時には感じられませんから、ネガ
ティブな感情が心に沸き起こったときには、反対のポジティブな感情をぶつ
けて、打ち消してしまいましょう。

　甘くて、おいしいものを食べれば、だれでもすぐに幸福感が得られますか
ら、チョコを一口食べてみたりするのもいいかもしれません。

イライラが高まったら体をラクにしてみる

リラックス感を高めるとイライラを打ち消すことができる

第1週 第2週 第3週 ① ② ③ ④ ⑤

『クレヨンしんちゃん』というアニメには、ネネちゃんという女の子が登場します。

ネネちゃんは、何か気に入らないことがあると、自室にこもって、うさぎのぬいぐるみを「これでもか！」というくらいに殴るのです。

このうさぎのぬいぐるみは、市販もされているそうです。ネネちゃんと同じように、うさぎを殴ってスッキリしたいという人が購入するのでしょうか。

ただし、心理学的にいうと、ネネちゃんのやっていることは残念ながら逆効果。読者のみなさんは真似をしないほうがいいですね。

実は、古い心理学では、ネネちゃんがやっていることも、「それなりに効果的だ」と言われていた時代もあったのです。

攻撃性が高まったときには、手などを傷めないよう、やわらかいぬいぐるみや布団などを殴ったり、蹴ったりすれば、気分がスッキリするというのです。

心理療法のひとつに、**プレイセラピー（遊戯療法）** と呼ばれるものがあります。小さな子どもが対象になっているセラピーなのですが、プレイセラピーでは、プレイルームにおいて、子どもに攻撃性を発散させてやれば、心は浄化される（これを「**カタルシス**」といいます）、と考えられていたのです。

ところが、米国ニュージャージー州にあるフェアレイ・デッキンソン大学のチャールズ・シャファーが数多くの研究を調べたところ、プレイルームで攻撃性を発散させた子どもは、かえってプレイルーム以外でも攻撃的になってしまうことがわかりました。プレイルームでぬいぐるみなどを殴ることを覚えた子どもは、プレイルーム以外のところで、他の子どもに暴力を振るったりするようになったのです。

プレイセラピーという心理療法の効果は？

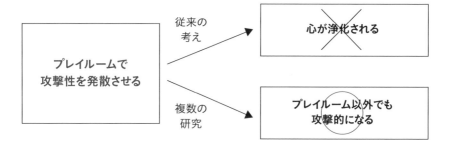

気に入らないことがあるからといって、ぬいぐるみを殴ったりしていると、スッキリするどころか、かえってイライラが募るということもあるので気をつけてください。

「それなら、ムシャクシャしたときにはどうすればいいんですか？」と思いますよね。

そんなときには、何もせず、ただ静かに2分過ぎるのを待ってください。これが一番、イライラを減らしてくれます。

アイオワ州立大学のブラッド・ブッシュマンは、イライラの気分が高まった人に、パンチング・バッグを殴ってもらう実験をしたのですが、まったくイライラが解消されないことを突き止めています。イライラを解消させるには、静かに2分間待たせたほうが、はるかに有効だったのです。

イライラしたときには何かを殴るとスッキリするのではないかと思われるかもしれませんが、現実にはそうならないということを覚えておきましょう。ネネちゃんがやっていることは、少なくとも現代の心理学では間違えたやり方なのです。

イライラしたら何かを殴るより
静かにしているほうが効く

たいていの人は、週末に気分が高揚する

心理学には、面白い名前の用語が多いのですが、「ウィークエンド効果」もそのひとつでしょう。

「ウィークエンド」というのは中学生レベルの英語なのでだれでもわかると思いますが、意味は「週末」。週末になると、たいていの人は気分が高揚する、という現象をあらわす用語です。

「週末になると気分が高揚するなんて、当たり前ではないか」と口をとがらせている読者がいると思います。だれでも、週末に気分がハイになることなど、自分自身の体験として、すでに実感しているでしょうから。

では、どうして週末に気分が高揚してしまうのか、その理由はわかりますか。単純に「仕事がないから」というのは、ちょっと違うのですよ。

米国ロチェスター大学のリチャード・ライアンによると、ウィークエンド効果が起きる理由は、自律性が関係しています。

自律性というのは、自分自身で物事を決めることができるかどうか、ということです。たとえば、夫婦の場合で言いますと、自分で好きなときに外出できたり、自分で旅行先を決めることができたり、自分で好きなものを食べることができるとき、「自律性がある」と見なされます。

ライアンによると、平日に気分が高揚しないのは、自律性が奪われているせい。たいていの人は、上司の都合、お客さまの都合などに振り回されて、「自分の思い通りに動けない」ということが多いですよね。つまり、自律性が奪われている状態なのです。こういう状態では、人はたえずイライラさせられることになります。

ところが、週末になると、好きな時間に起きても、だれも文句は言いませんし、好きなときに好きな場所に出かけ、好きなことをしていても、まったく問題ありません。完全に自分の好きなようにできるので、だれかにコントロールされているという気持ちにもなりません。こうして自律性が取り戻せ

るので、人は気分がハイになるのだろう、というのがライアンの分析です。

　なお、週末になると気分が高揚するだけでなく、体調もよくなることもライアンは明らかにしています。気分が高揚すると、免疫力も高まるからでしょう。

　ちなみに、ウィークエンド効果があまり見られない人もいます。

　どういう人かというと、平日から、自分の好きなように行動でき、自分が周囲をコントロールできる人たち。つまりは、会社の経営者ですとか、高給取りのフリーランスの人たちは、平日でも自律性を奪われることはありませんので、ウィークエンド効果は見られません。平日でもずっと気分が高揚しているので、週末だけ上がる、ということはないのですね。まことに羨ましい話ですが、そういう人もいるのです。

ウィークエンド効果

平日	週末
自律性がない 自分自身で物事を 決められない	自律性がある 自分の好きなように 過ごすことができる

気分は高揚しない　　　　　　気分は高揚する！

※平日から自律性がある人にはウィークエンド効果はあまりみられない

人生の節目におかしなことを
しないように気をつける

　男性は数え年で25歳と42歳、女性は19歳と33歳が厄年とされています。中でも男性の42歳と女性の33歳は大厄と呼ばれていて、その前後1年ずつに、前厄と後厄があることを考えると、男性で危ない年齢は、25歳、41歳から43歳。女性は19歳と32歳から34歳ということになります。

　こういう古くからの言い伝えの正しさはさておき、心理学においても、「こういう年齢は危ないんだよ」ということが明らかにされているのです。その年齢というのは「9がつく年齢」。

　つまり、19歳、29歳、39歳、49歳、59歳、69歳ということです。覚えやすいので、ぜひ9がつく年齢になる人は気をつけてください。

　「9がつく年齢が危ない」と指摘しているのはニューヨーク大学のアダム・アルター。

　アルターによると、私たちは、これから次の10年に突入するのだ、という年齢になると、何か新しいことを始めようとするらしいのです。新しい自分に生まれ変わるチャンスだ、と思うのでしょうか。

　もちろん、新しいことにチャレンジしようとするのは素晴らしいことだとは思いますが、年齢を考えずに無茶な運動を始めてみたり、いきなり仕事を辞めてみようとしたり、浮気をしようとしたり、家族に迷惑をかけてしまうようなこともしてしまう危険性が高くなるので、その点は注意してください。

　「私の能力は、こんなものではない」

　「現状の自分は、本当の自分ではない」

　「私には、もっと違う可能性があるはずだ」

　そんな風に感じてしまいがちなのが、9がつく年齢のとき。

　私自身を振り返ってみても、たしかに19歳、29歳、39歳のときには、何となく気分が動揺したり、不安を感じたり、何か新しいことを始めたい気持ちが高まっていたように思います。といっても、私の場合には、趣味がどん

どん増えるくらいですみましたが。

　人生には、いろいろな節目があるものですが、そういう**節目に立ったとき、人間はおかしなことをし始める可能性が高くなるのです。**

　そういえば、１月１日のお正月には、「今年はこんなことをしよう！」と新年の抱負を決めたりしますが、そういうタイミングというのは、人間に新しいことを始めさせるモチベーションを高めるのかもしれません。

　誕生日もそうですね。年齢を重ねるときには、「次の１年はこんなことをしよう」という気持ちが高まりやすいのではないかと思われます。

　何かに挑戦しようということには反対しませんが、くれぐれも周囲の人に迷惑をかけるような挑戦はやめましょう。思いつきで行動しようとしても、ロクなことがありませんから。

知識 を 自分 の も の に す る ため の 独学 テスト

具体的な場面を想像して、やる気についての理解を深めましょう。

問 1

あなたのやる気が上がるときはどんな場面ですか？
具体的なシチュエーションを思い出し、なぜやる気が上がるのか心理学的
に説明してください。

問 1

_____

_____

_____

_____

解答は 165 ページ

心理学的に能率が上がる
学習法とは？

練習すればするほど、技術は上達……するわけでもない

スポーツの技能を高めようとしたり、楽器の演奏を上達させようとしたりするとき、「とにかく練習すればいいのだ！」という考えは間違っています。

「ただ長く練習すればいい」という古い考えのコーチや先生もいると思うのですが、そういうやり方では、なかなか上達しないのです。

テキサス大学のロバート・デュークは、ピアノ科を専攻している学生17名に、ショスタコーヴィチのピアノ協奏曲第1番を、自分が完璧に弾けると思えるまで練習してもらいました。そして、その翌日にテストしてみたのです。

その結果、正しく弾けるかどうかに、練習時間はまったく関係ありませんでした。

ただ長く練習していれば上達したのかというと、そうではなかったのです。

デュークは、学生たちが練習している風景をビデオ撮影しておいたのですが、翌日のテストで正しく弾くことができた学生は、自分がどこでつまずいてしまうのかを正しく判断し、そこのパートだけを重点的に練習する、ということをしていました。

曲全体を通して等しく練習するような学生は、練習時間が長くなるものの、正しく弾けるのかというと、そんなことはありませんでした。

また、正しく弾ける学生は、自分の苦手なパートについて、テンポを変えながら弾いてみたり、変化を加えながら練習したりすることもわかりました。

ただ漫然と、長く練習すれば技術が上達するのかというと、そうではありません。自分の頭の中で、しっかりと**自分の苦手なところ、不得手なところを分析し、そこを改善するような形で集中的にやるのがよい**ようです。

野球の練習をするとき、たいていの人は、まずランニングをし、それからキャッチボールをし、それからバッティングの練習をし……という流れで練習をすると思うのですが、こういう練習法は時間ばかりかかるわりには、そ

んなにスキルの上達にはつながりません。

そうではなくて、たとえば、「自分はゴロのさばき方がうまくない」という自覚があるのなら、ノックを受ける練習だけを集中的にくり返したほうが、はるかに力はつくことでしょう。

もちろん、長く練習することを否定するわけではありません。

どんな練習でも、やらないよりははるかにマシですし、とんでもない時間をかけて練習していれば、それなりに力はつくと思います。ただ、そういうやり方は、ものすごく効率が悪いということも覚えておいてください。

私たちが利用できる時間は、限られています。よほど時間に余裕がある人なら時間をかけることもできるでしょうが、たいていの人はそんなにひとつのことをマスターするのに時間もかけていられないでしょう。

ですから、何かを学ぶときには、自分ができない、苦手なところだけを集中的につぶしていくようなやり方が望ましいのです。

手で書くと覚えやすい

　最近の大学生の中には、講義を受けるときにノートにメモを取るのではなく、ノートパソコンでメモを取る人もいるという話です。私の教え子には、あまりいませんが。

　そういえば、私が雑誌の取材などを受けるときにも、20年くらい前には、記者の人はたいていノートでメモを取っていましたが、最近はノートパソコンでメモを取っている人のほうが圧倒的に多くなりました。

　たしかにノートパソコンでメモを取ったほうが、後で編集をしたりするのも簡単なのかもしれませんが、心理学的にいうと、このやり方はあまりおススメできません。

　もともとメモを取るということは、「しっかり頭に記憶する」ということが目的なはずですから、そのためには、手を使ってメモを取ったほうがいいのです。なぜなら、そのほうが記憶の定着率がよく、しっかりと覚えることができるから。

　フランスにあるポールサバティエ大学のマリーケ・ロングキャンプは、週に1時間、3週間にわたって、10個の見たことがない文字を学習してもらうという実験をしたことがあります。

　ただし、条件が2つ用意されていて、あるグループは手で書いて覚えるように指示を受けました。1つの文字を20回ずつ、紙に書いていくのです。また別のグループは、タイプライターで文字を入力しながら覚えるように指示されました。

　毎回の学習の直後、1週間後、3週間後、5週間後に、覚えてもらった文字の記憶テストをしてみると、手で書いたほうが、タイプライターで入力させたグループよりも、はるかに記憶テストの出来がよいことがわかりました。

　しっかりと覚えたいのであれば、手を使えばいいのです。手を使えば、覚えにくいことも、わりとすんなり頭に入ってきますからね。

　では、どうして手を使うと記憶の定着がよくなるのでしょうか。

ロングキャンプは、fMRI（磁気共鳴機能画像法）で脳の活動を調べてみたの

ですが、手を使っていると、ブローカ領域と、下頭頂小葉などの領域が活性化することがわかりました。これらは、記憶の働きに関係している領域です。

手を使うと、私たちの脳は活性化しやすくなるのです。それが記憶にも役立つのですね。

そういえば、手をよく使っている人のほうがアルツハイマー型の認知症になりにくくなる、ということも言われていますが、私たちの手と脳の結びつきが大きいことを考えれば、納得できる話です。

普段、便利だからとノートパソコンばかり使っている人は、たまにはノートとペンを用意して、実際に手を使って書いたりするのもいいかもしれません。そのほうが脳も活性化して、記憶も促進されますし、新しい発想やアイデアなども浮かびやすくなるかもしれませんよ。

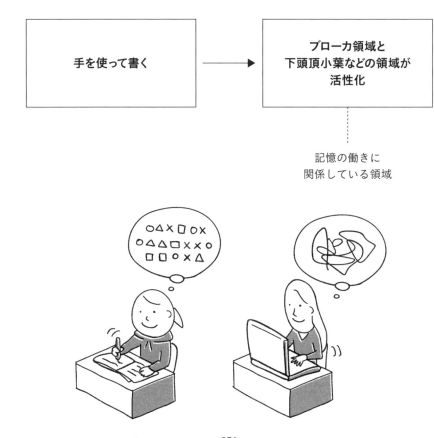

| 手を使って書く | → | ブローカ領域と
下頭頂小葉などの領域が
活性化 |

記憶の働きに
関係している領域

いろいろな問題を
分類しないで解いてみる

　数学の問題集というものは、まず例題がひとつ紹介されて、その次にその例題と類似する問題が3つ、4つ載せられている、という作りになっていることが多いですよね。そして、また新しい例題が紹介され、似たような問題がいくつか続くという感じになっています。

　このように、似たような課題をまとめて解かせることを「**ブロック学習**」といいます。「ブロック」というのは、「一塊」という意味です。ひとつの塊をまとめてやり、それが終わったらまた別の塊に移る、という学習法になります。

　逆に、いろいろな問題をごちゃまぜにやっていく、という学習法もあります。こちらは「**さしはさみ学習**」と呼ばれています。違う問題をさしはさみながらやらせるのですね。簡単に言えば、それぞれのやり方は次のようになります。

ブロック学習　　　aaabbbcccddd
さしはさみ学習　　dacbbadcdacb

　さて、ここでひとつ疑問が起きます。

　いったい、ブロック学習と、さしはさみ学習では、どちらのやり方のほうが学習能率は高いのでしょうか。

　サウス・フロリダ大学のケリー・タイラーによれば、さしはさみ学習のほうが明らかに学習は進むそうです。タイラーは、24名の小学4年生（男女12名ずつ）に、算数の問題を教えるのに、ブロック学習と、さしはさみ学習のどちらかでやらせてみました。

　そして翌日に、前日に教えた内容のテストを行ってみると、正答率はブロック学習のグループが38%、さしはさみ学習のグループが77%と、約2倍もの差が出たのです。もう、明らかにさしはさみ学習のほうがよかったのです。

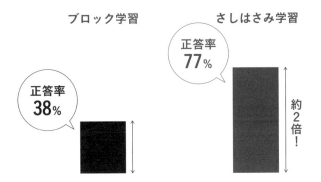

ブロック学習　　　　　　　さしはさみ学習

正答率
77%

正答率
38%

約2倍！

ブロック学習では、似たような課題を何度もやらされるわけですが、似ている問題であるだけに、人はあまり考えずに、惰性的に取り組んでしまうものです。「とりあえずこの公式に当てはめて解けばいいんだろう」と、何も考えずにただ問題を解くだけ。これでは理解が深まりません。

その点、いくつかの課題がごちゃまぜになっていれば、「あれっ、この問題では、どの公式を当てはめればよかったっけ」と、ひとつひとつ判断しながら取り組まなければなりません。そうやって頭を働かせることになり、記憶に残りやすくもなりますし、理解も深まっていくのです。

何らかの資格をとるために勉強しなければならない人などは、ブロック学習をするより、さしはさみ学習でやるといいかもしれませんね。そのほうが、少ない労力で、効率よく知識を吸収していくことができますから。

まずはひとつ、自信を持とう

イリノイ大学のジュリー・ウェイトラフは、80名の女子大学生に、毎週2時間、6週間に渡ってレイプから身を守るための護身術プログラムに参加してもらいました。このプログラムでは、言葉による抵抗法（大声で叫ぶ、など）から、身体的な抵抗法（合気道や空手）を学ぶことになっていました。

さて、このプログラムに参加してもらい、「自分の身は自分で守ることができるのだ」ということで**自信がつくと、その自信は他のもっと全般的な自信にまで波及する**ことがわかりました。

私たちの自信というものは、あるところで得られた自信が、他のところにも広がっていく性質があるといえるでしょう。

護身術を身につけ、身を守ることで自信をつけた女子学生たちは、学業など、他のことにも自信を持てるようになりました。ウェイトラフは半年後にも追跡調査したのですが、波及した全般的自信は、依然として高いままでした。一時的に高まってオシマイ、というわけではなかったのです。

そういえば、別の研究なのですが、スポーツが得意な人は、たとえ学業が振るわなくとも、自信が失われることはない、ということも示されています。勉強が少しくらいできなくとも、私はバスケットボールではだれにも負けない、という気持ちがあれば、自信が揺らぐことはないのですね。

自信がない人は、とにかく、どんなことでもいいので、ひとつ自信を持ちましょう。

そうすれば、それが他のところにもどんどん波及するはずですから。

「いや、自分には他人の誇れることなど、ひとつもありません」と思う人がいるかもしれませんが、そんなに自己卑下をしてはダメです。どんな人にも、探せばいくらでも長所は見つかるはずです。

こんなお話があります。あるところに画家になりたいと願う男性がおりました。彼は少年時代から木彫りが得意だったので、自分の絵の額縁も自分で

作っていました。そのうち、お客が自分の絵を買ってくれるのは、絵ではなく額縁が目的であることを知って、悲しくなりました。けれどもその男性は、「そうだ、自分には木彫りの才能があるのだ」と考え方を変えて、彫刻家として大成したといいます。

このエピソードは、S・デューバルの『人間関係の秘密』（創元社）という本に出ていたものですが、探そうと思えば自信が持てるものを見つけることができるでしょう。

どうしても自信が持てないというのなら、筋トレでもいいですよ。筋肉というものは、鍛えれば鍛えるほど強くなるので、自信を持てるようになるはずです。仕事の成績や勉強のようなものは、いくら努力してもうまくいかないことはありますが、筋トレのほうはやればやっただけ、しっかり成果が得られるので、自信もつけやすいのではないかと思われます。

やればやっただけ成果が得られることをして自信を持とう

知 識 を 自 分 の も の に す る た め の 独 学 テ ス ト

学習法の違いと効率の関係について復習しましょう。

問 1

次のそれぞれの学習法について効率のいい学習法はどちらでしょうか。
理由も説明してください。

❶　A　手書きの学習
　　B　パソコンのキーボードでの学習

❷　A　同じタイプの問題を解き続ける
　　B　異なるタイプの問題を挟んで解く

問 1

❶　〔　　〕

　　理由
　　_____

❷　〔　　〕

　　理由
　　_____

解答は 165 ページ

いい関係を築くには？

危険な人は、
見ただけでわかる

第1週 第2週 第3週 ① ② ③ ❹ ⑤

　私たちの心というものは、人間が生き延びられるように進化してきました。生存に役立つような機能が、長い年月をかけて人類に受け継がれてきたのです。このようなスタンスで研究を行う領域は、進化心理学と呼ばれています。

　たとえば、見知らぬ人と出会ったとき、私たちの心は、「この人は自分に危害を与えてはこないだろうか？」「危ない人ではないのか？」ということを、無意識のうちに感じ取ろうとします。

　危険な人に出会ったら、できるだけ早くその場を立ち去らなければ、自分の生命が危機にさらされることになりますよね。そのため、私たちの脳は、知らない人物が危険な人かどうか、信用しても大丈夫な人なのかどうか、ということを瞬時に察知するように進化してきたのです。

　ロンドン大学のJ・S・ウィンストンは、120枚の顔写真を用意して、「この人の年齢はいくつくらいだと思いますか？」「信用できる人だと思いますか？」と2つの質問をしてみました。

　そして、質問に答えるときの脳の活動を、fMRI（磁気共鳴機能画像法）という特殊な機械で調べてみたのです。脳の活動を、MRIの画像によって調べる最先端の道具です。心理学者は、こういう道具も使うのですね。

　その結果、年齢を聞いているというのに、自分が信用できないと感じる人の顔を見ると、両側扁桃体、紡錘状回、島皮質といった脳の領域が活性化することがわかりました。これらの領域は、恐怖などの情動反応にかかわる領域です。

　私たちの脳は、**信用できない人を見ると、恐怖を感じさせるように機能する**のですね。「早く、この人から離れたほうがいいよ」という信号を脳は発するのです。

　街中で、酔っぱらっている人を見たり、怖い顔つきの人が歩いてきたりすると、私たちは無意識のうちに脳からの危険信号を感じて、さりげなく遠く

離れて通り過ぎようとするのですが、これはだれでもそうなのです。

　人類は、危険をいち早く察知できる人ほど生き残り、危険を察知できない人は猛獣などに食べられて、生き残ることができませんでした。そのため、**危険を察知するための非常に鋭敏な神経を持つようになったのです。**

　ちなみに、「○○恐怖症」と呼ばれる現象も、進化心理学的にいえば、すべて人間の生存に役立つものとされています。

　たとえば、「高所恐怖症」は、高いところにいると落ちて死んでしまうかもしれないから、一刻も早くここから離れろというシグナルを脳が発しているわけですし、「閉所恐怖症」は、「狭いところにいると猛獣に襲われたときに逃げられないから、すぐに逃げろ」というシグナルを脳が発しているわけです。「ヘビ恐怖症」や「クモ恐怖症」などは、もちろん、ヘビやクモには毒を持っているものがいるので、脳は危険を察知して逃げるように指示するわけですね。

　現代人の感覚からすると、恐れる必要がないものにも恐れてしまうように感じられることもあるのですが、もともとは人類が生き延びる上で役に立っていた脳の機能が、私たちに受け継がれてきていると言えます。

危険そうな人を見ると脳が信号を発する

モテる女性のウエストと
ヒップの黄金比

　心理学者なら、女性の体型を見るだけで、「この人は男性にモテるだろうなあ」ということが大まかに予測できてしまったりします。女性の顔だちが美人だとかそういうことではありません。体型を見るだけでわかるのです。

　なぜ、そんなことがわかるのかというと、男性によくモテるウエストとヒップの比率が、すでに明らかにされているから。

　ウエスト（W）とヒップ（H）の比率（R）という頭文字をとって、「WHR」というのですが、この比率が 0.7 のとき、女性は男性によくモテることがたくさんの研究でわかっているのです。

　0.7 といってもよくわからないと思うので、もっとシンプルに言うと、ヒップが 100cmで、ウエストが 70cmの体型の女性がよくモテるということです。

$$70 \div 100 = 0.7$$

となりますから。ちなみに、この比率であれば、ウエストとヒップが何cmであってもかまいません。たとえぽっちゃり体型であっても、0.7の比率になっている女性は、よくモテるのです。

　ピッツバーグ大学のシビル・ストリーターは、体型がよくわかるように身体にぴったりとフィットした服装の女性の写真を使った実験をしています。同一の女性の写真を、フォトショップのソフトを使って、ウエストを細くしたり、太くしたりして、WHRが 0.5 になるもの、0.6 になるもの、0.7 になるものというように、1.2 になるものまで、細かいバージョンの写真を実験的に作成し、どのバージョンがもっとも魅力を感じさせるのかを調べてみました。すると、やはり 0.7 のときの女性が一番モテることがわかったのです。ちなみに、セクシー女優と言えば、真っ先にマリリン・モンローが頭に思い浮かびますが、彼女のWHRは 0.67 だったそうです。

　では、なぜ 0.7 なのでしょうか。

その理由は、ウエストとヒップが 0.7 くらいの女性が、もっとも健康的で、もっとも妊娠可能性が高いから。

　男性がどういう女性に惹かれるのかというと、自分の子孫を残してくれそうな女性。そのため、**男性は無意識のうちに、健康的な子どもを産んでくれそうな女性を選んでしまうのだろう**、と考えられています。

　たしかに、現代的な美意識や価値観からすれば、もっとスリムな女性のほうが好ましいのかもしれませんが、歴史的に見ると、人類はずっと食糧不足に悩まされ続けてきました。そのため、健康な子どもを産んでくれるかどうかということが、子孫を絶やさないためには絶対的に重大な問題だったのです。

　そのため、男性の脳は、ＷＨＲが 0.7 の女性に心惹かれるように進化してきたのだ、と一応は考えられています。日本でも、腰回りの豊かな女性が昔から好まれてきましたし、各地で発見される土偶などの人形も、私は調べたわけではないのですが、ＷＨＲは 0.7 くらいになっているのではないでしょうか。

W：H ＝ 7：10

では、女性にモテる
男性の体型は？

　男性にモテる女性の体型については、すでにWHRが0.7という黄金比があることをお話ししました。

　では、逆のことを考えてみましょう。男性にモテる女性の体型の黄金比というものがあるのなら、同じものは男性にはないのでしょうか。

　結論から先に言ってしまうと、実はあるのです。

　ただし、男性の場合には、ヒップは使いません。その代わりに胸囲（チェスト）を使い、ウエスト（W）と胸囲（C）の比率ということで、WCRという指標になります。

　イギリスにあるニューキャッスル大学のD・S・メイシーは、214名の男性のうち、WCRが少しずつ違う男性を50名選び出し、写真を撮らせてもらいました。その写真を30名の女性に見せて、どれくらい魅力を感じるのかを調べてみたのです。

　その結果、何とも不思議なのですが、一番モテる数値は、0.7であることがわかりました。男性にモテるWHRは0.7。女性にモテるWCRも0.7。奇妙な一致です。

　なお、メイシーの実験によると、WCRが0.75、0.80、0.85、0.90となるにつれて魅力がどんどん下がることも明らかにされています。

　女性にモテる男性のWCRは0.7ということは、ウエストが70cmで、胸囲が100cm。そういう逆三角形の体型がモテるようです。

　なぜWCRが0.7の男性が女性にモテるのかというと、この比率の男性が、もっとも健康的で、経済的にも豊かになれる可能性が高いからだ、と考えられています。**女性は、自分と自分の子どもをきちんと養ってくれそうな男性に惹かれやすいのですが**、WCRが0.7の男性が、まさにそういう体型なのでしょう。

　だいたいの男性は、中年以降になると運動不足もあって、お腹まわりがど

んどん大きくなってしまいます。けれども、そういう体型をしていたら、女性にはモテません。もし女性にモテたいのであれば、特に胸部に筋肉をつけるような運動を心がける必要があるでしょう。

「女性にモテなくとも、ちっともかまわない」というのであれば、もちろん、筋力アップの運動をする必要はありませんが、女性にチヤホヤしてもらいたいのであれば、ＷＣＲが0.7になるように目指して頑張りましょう。

モテる体型をまとめると……

モテる女性の体型

W	H	R	=	0.7
ウエスト	ヒップ	比率		
(Waist)	(Hip)	(Ratio)		

ウエスト：ヒップ＝7:10

モテる男性の体型

W	C	R	=	0.7
ウエスト	胸囲	比率		
(Waist)	(Chest)	(Ratio)		

ウエスト：胸囲＝7:10

心理学で自分と他人を知る──いい関係を築くには？

W:C = 7:10

銃乱射事件の引き金になるのは、ささいな人間関係のほころび

　米国ウェイクフォレスト大学のマーク・レアリーは、1995年から2001年までの期間に、アメリカで起きた学校での銃乱射事件、15件を分析したことがあります。

　どうして犯人は、銃の乱射などという痛ましい事件を起こしてしまったのでしょうか。

　そういう事件を起こすことになった引き金のような原因は、いったい何なのでしょうか。

　レアリーが調べてみると、原因はささいな人間関係でした。

　犯人は、いじめや仲間外れ、あるいは恋人から冷たくされたことを理由に乱射事件を起こしていることがわかりました。実に、15件のうちの13件で、**「人間関係における何らかの拒絶」**が原因とみられることを、レアリーは突き止めたのです。

　「えっ、なんでそんなことで？」

　「ちょっと無視されたくらいで、そこまでやる？」

　読者のみなさんは、そう思うかもしれませんが、調べてみるとそうなのです。

　銃乱射事件という、ものすごくショッキングな事件は、実のところ、ものすごくささいな人間関係での拒絶がきっかけなのです。

　だいたい、いじめる側には、いじめているという意識があまりありません。ですから、「たいしたことがない」と思っています。

　しかし、いじめられる側からすれば、仲間外れにされることは、本当に身を切られるほどの心理的な痛みを感じさせるのです。その痛みは、いじめられる人にしかわかりません。

　ですので、本当は「ささいなきっかけ」ではなく、「大きなきっかけ」と呼んだほうがいいのかもしれませんね。

人に無視されたり、拒絶されたりすることは、本人にはものすごく大きな心理的苦痛を与えるのだ、ということはしっかりと理解しておかなければなりません。

　同じように、相手の自尊心を傷つけるような発言も、絶対にやってはいけません。

　やる側は、「ささいなこと」ですませようとしますが、相手にはそんなに軽くは受け止められないものなのですから。

　もうずいぶん前のお話になりますが、インドネシアで働く日本人駐在員が、暗闇で現地人のグループに襲われるという事件が起きたことがありました。

　ところが犯人を捕まえてみると、なんと襲われた日本人駐在員の部下とその友人たち。部下は、人前で叱責されたことを根に持って、復讐したのです。インドネシア人はプライドが高く、人前で恥をかかされることを何よりも嫌うのですが、日本人駐在員にはそういう配慮が足りなかったのでしょう。

　ちょっとした皮肉、ちょっとした冗談でも、相手を傷つけるような発言には気をつけましょう。どんな仕返しが待っているのか、わかりませんから。

自分が理解していることを
相手も理解できるとはかぎらない

私たちは、自分が知っていること、感じていることは、同じように他の人にもわかってもらえるはずだ、と思い込んでしまうことがあります。

けれども、これは大いなる誤解。

他人が何を考え、どのように感じているかなど、わかるわけがありません。

自分のことを他人に理解してもらえないとき、私たちは、「どうして私のことをわかってくれないの！」と相手を責めたりしてしまうのですが、これはよくありません。わかってもらえないのが当たり前だと割り切って、最初から理解してもらえることを期待しないのが正解です。

スタンフォード大学のエリザベス・ニュートンは、

『ハッピーバースデー』
『メリーさんの羊』
『ジングルベル』
『ロック・アラウンド・ザ・クロック』
『きらきら星』
『星条旗』

という、ものすごく単純なリズムで構成されている6曲のうち、どれか一つを選んで手拍子で叩いてもらいました。その手拍子を聞いた人が、どれくらい曲名を当てられると思うのかを推測させる、という実験をしてみたのです。

手拍子をする人は、「ほぼ50%は当ててくれるだろう」と予想しました。ところが、実際にやってみると、正答率はわずか2.5%。手を叩いた合計120回のうち、60回はわかるはずだろうという予測のはずでしたが、実際に当たったのは3回だけだったのです。

なぜ、こんな結果になるのかというと、私たちは、**自分がわかっていること**

は、他人も同じようにすぐわかるだろう、と思い込みやすいから。

　手拍子をする人は、正解の曲を知っているわけですが、そういう人は、他

の人もすぐに正解がわかるだろう、と思ってしまうのです。

　仕事もそうで、すでに答えというか、仕事のやり方を覚えている人は、も

のすごく雑な説明をしても、新人はすぐに理解できるだろう、と何となく考

えてしまうので注意してください。自分が知っている、あるいは自分ができ

るからといって、他の人も同じようにできると思ってはいけません。

　どれほど詳しく説明してあげても、「それでもやっぱり理解してもらえな

いんだろうな」と思っていたほうがよいでしょう。自分が知っていることを、

相手に理解してもらうというのは、ものすごく難しいことなのです。

人間関係に関わる心理学の現象を具体的な場面を想定して理解しましょう。

問 1

「恐怖心」はなぜ必要なのでしょうか。心理学的に答えてください。

問 2

自分の知っていること、感じていることをより正確に相手へ伝えるにはどうすればよいでしょうか。

問 1

_____

_____

_____

_____

問 2

_____

_____

_____

_____

解答は 165 ページ

正確な判断は
なかなか下せない

ワインのおいしさは
決められるのか？

第1週
第2週
第3週

① ② ③ ④ ❺

　ワイン通の人にとっては、まことに残念なお話になるのですが、そもそも
「ワインのおいしさ」というものは、客観的に決められるものなのでしょうか。

　素人考えをすれば、どういう味をおいしいと感じるのかは十人十色のよう
な気もします。酸味の強いほうがおいしいと感じる人もいるでしょうし、甘
味の強いワインのほうがおいしいと感じる人もいるでしょうから、客観的に
「こういうワインがおいしいのだ」ということは、とても決められないよう
に思われます。

　とはいえ、現実には、ワインのコンテスト、あるいは品評会などでは、当
然のように金賞が選ばれるわけで、その意味では、ワインのおいしさには何
らかの客観的な基準のようなものがあるようにも思えます。いったい、どち
らが正しいのでしょう。

　この点に興味を抱いた米国ハンボルト州立大学（カリフォルニア州アル
ケータにある公立大学）のロバート・ホッグソンは、本当にワインのおいし
さには明確な基準があるのかを調べてみることにしました。

　ホッグソンは、米国内で行われた13のワインコンテストのうち、3つ以
上のコンテストに出品された2440の銘柄のワインについて分析してみまし
た。

　その結果、あるコンテストで金賞を得ている、まさにその同じワインの
84％は、別のコンテストではまったく何の賞も受けることができていないこ
とがわかりました。あるコンテストにおいて「非常に優秀な味」とされたワ
インのほとんどが、別のコンテストでは平均以下の評価しか受けていなかっ
た、ということです。

　ホッグソンはこの結果に基づき、「ワインの金賞は、まったくの偶然である」
と結論しました。ワインの金賞は、**おいしいから選ばれるのではなく、デタ
ラメに選ばれている**のと大差がないということです。

読者のみなさんの中には、「いや、ワインではそうかもしれないけど、ビールなら違いがわかるはずだよ。だって、僕はビールの味がちゃんとわかるんだから」という人もいるでしょう。

　しかし、こちらについてもどうも怪しいという研究があります。

　アイオワ州立大学のラルフ・アリッソンは、10の銘柄のビールについて試飲実験をしたことがあるのですが、後味、香り、苦味、泡などについて、ビールの銘柄をきちんと区別できる人はいなかったのです。

　唯一、ビールにラベルを貼りつけておいたままの条件においては、ビールの味を区別できました。何のことはない、**私たちはビールの味でなく、ラベルで判断している**だけなのです。

　私たちの感じるおいしさというものは、ワインやビールのラベルやボトルの形によって影響を受けるものなのかもしれませんね。

おいしいという「思い込み」が、おいしさを生み出す

どんな食べ物もそうですが、本人が「これは、おいしい」と思って食べると、本当においしく感じられるものです。

ワインやビールがおいしく感じられるのも、結局は、本人の「思い込み」が重要なのです。おいしいと思えばおいしいと感じられますし、おいしくないと思って飲めば、おいしさを感じられなくなります。

第1週
第2週
第3週

①
②
③
④
⑤

カリフォルニア工科大学のヒルク・プラスマンは、20名の実験参加者に、5ドルの安いワインと、90ドルの高いワインを試飲してもらうという実験をしたことがあります。ただし、90ドルのワインというのは実はウソで、あらかじめ中身は全部抜いておき、こっそりと5ドルのワインと同じものを詰めておきました。

そして、試飲している最中の脳の活動を、これまでに何度も登場しているfMRI（磁気共鳴機能画像法）という道具を使って調べてみました。

その結果、90ドルの高いワインを飲んでいるとき、味の評価についての違いが見られました。5点満点で、5ドルの安ワインは約2点、90ドルの高いワインは約4点と、2倍もの開きが出たのです。本当は、まったく中身が同じだったのに、参加者たちはたしかに「高いワインのほうが断然うまいよ」と感じたわけですね。

では、その間には参加者の脳はどうなっていたのでしょうか。

fMRIで調べてみると、高いワインを飲んでいるときには、内側眼窩前頭皮質と呼ばれる領域に血流が流れ込んで、活性化していました。なお、この脳の領域は、快楽に関係しているところです。

どんなに安いワインでも、本人が「これはうまいはず！」と思い込んで飲むと、実際に、脳も快楽を感じるようなのです。「おいしい」という評価は、ウソではないのです。本人が実際においしいと感じていることは、脳の活動でもわかりましたから。

同じ5ドルのワインを飲んでも……

| 5ドルの安ワインと
わかっている | 90ドルの高級ワインだと
思い込んでいる |

評価約2点／5点　　　　　　　　評価約4点／5点

おいしいだろうと思い込んで飲むと
脳が活性化し、おいしく感じられる！

　まったく同じ食べ物、あるいは飲み物でも、本人の「思い込み」が非常に
重要です。私などは、1本数百円で売られている安いワインをものすごくお
いしいと感じて飲んでいますが、本人が思い込んで飲めば、どんなワインで
もおいしく感じられるのです。

　食べ物を味わうときのコツは、口に入れる前に、「こういうのは、絶対に
うまいんだよな」とまずは自分に言い聞かせてしまうことです。そうやって
思い込んで食べたり、飲んだりすれば、どんなものも最高の味わいを得るこ
とができるでしょう。

私たちは、自分に都合の いいことだけを記憶する

　私たちの記憶は、コンピュータにたとえられることもあるのですが、そんなに優秀なものではありません。

　コンピュータのハードディスクには、入力されたデータをすべて完全な形で、そっくりそのまま保存できるという特徴がありますが、私たちの記憶にはそんなことはできません。基本的には、自分にとって都合の悪いことはすべて忘れ去られてしまうような仕組みになっています。

　2人の人物が、「お前はこう言った！」「いいや、そんなことは絶対に言っていない！」と醜い言い争いをすることがありますが、心理学的に言うと、どちらもウソをついているわけではありません。ただ、自分にとって都合のいいことだけを覚えているにすぎません。

　私たちの記憶は、不愉快なことは、さっさと忘れるようなメカニズムになっています。

　なぜかというと、その理由は単純で、不愉快なことを覚えていると、いつまでも不愉快さを感じるから。そういう状態は、私たちにとっては望ましくありませんので、私たちの記憶は、そういうものをどんどん忘却させてしまおうとするのです。非常にうまくできていると思いませんか。

　「そうは言っても、過去のトラウマのようなものをずっと引きずって覚えている人だっているではないか」と反論したい人もいるでしょうが、トラウマ的な出来事については覚えていても、悲しさや苦しさのような、記憶にまつわる感情のほうは、時とともに薄れていくはずです。私たちの記憶は、イヤなことはどんどん忘れようとするものですから、記憶も感情も時とともに消失してゆきます。

　こういう現象は、「**感情消失バイアス**」（「fading affect bias」という用語で、「FAB」と略されます）と呼ばれているものです。

　米国ノースカロライナ州にあるウィンストン・セーラム州立大学のリ

チャード・ウォーカーは、感情消失バイアスに関するたくさんの研究を総合的に検証し、不愉快な記憶は、たしかに消失するのが早い、という結論を得ました。

　不愉快なことをいつまでも覚えていたら、私たちの心はどうなるでしょうか。あまりに辛くて、壊れてしまいますよね。

　ですから、そうならないために、私たちの記憶は、ネガティブな感情を引き起こす出来事については、どんどん忘れてしまおうとするのです。苦しいことをさっさと忘れてしまったほうが、私たちはポジティブな気持ちで生きていくことができますからね。

　「もう辛くて、辛くて、死にたい！」と思うようなことが起きても、辛いのは一時的なものだと思ってください。人間の心（というか記憶）は非常に優秀で、イヤなことはそのうち忘れるようなメカニズムになっているのですから、辛いのはほんの短い間。ちょっぴり我慢してもらえれば、そのうちけろりと忘れてしまいますよ。

怯えていると、認知は歪む

臆病な人にとっては、仔犬がライオンのように、スズメが大鷲のように見えてしまうものです。これは誇張ではなく、「実際にそう見えてしまう」ものなのです。

私たちの視覚というものは、現実をありのままに映し出しているのかというと、そうではありません。**私たちの心によって、大きくゆがんで見えるようなメカニズムになっている**のです。

たいして顔だちが可愛くなくとも（失礼な話で申し訳ありません）、その人に恋心を抱いている人には、世界一の美人として目に映るでしょう。さえない顔だちの男性でも（また失礼ですね）、その男性に好意を寄せている女性の目には、ジャニーズのタレントよりカッコよく見えるでしょう。

また怯えのお話に戻りますが、私たちは怯えていると、たいしたことがないものも、ずいぶんと過大に誇張されて目に映ります。

米国ヴァージニア州にある、ウィリアム・アンド・メアリー大学のジャニーン・ステファヌッチは、ナイアガラの滝を初めてヨーロッパに紹介したフランス人宣教師で、冒険家でもあるルイ・エヌパンについて、おそらくは高所恐怖症だったはずだ、と分析しています。

なぜ、エヌパンが高所恐怖症だったとわかるのでしょうか。

実は、1677年に書かれた彼の日誌には、ナイアガラの滝の高さについて「180メートルを超える」と書かれているから。

ところが、ナイアガラの滝というものは、大迫力はあるものの実際の高さは50メートルにすぎません。私たちは、恐怖で身がすくんでいると、モノの見え方がゆがんでしまうことを示していると言えます。

そういえば、スポーツの世界でも、試合のときに「相手が大きく見える」という現象が起きます。

読者のみなさんには、もうわかりますね。「大きく見える」ということは、心理的に委縮させられているからであり、対戦相手に恐怖を感じているのです。だから、「大きく見える」のです。

おそらく、相手が大きく見えるときには、試合にも負けるでしょう。最初から心理的に負けているからです。

　相手のほうが自分よりもランキングが上であるとか、番付が上のとき、相手が大きく見えるという現象がよく起きます。そして、当然試合にも負けます。こういう負け方を「位負け」と呼びます。

　相手が大きく見えるときには、まずは深呼吸でもして、平常心を取り戻しましょう。落ち着いてくれば、相手も自分とそんなに実力が変わるわけでもないと冷静に判断できますし、勝利の見込みも高くなります。

人の意見を聞くと、惑わされる

　何かを判断しようとするとき、私たちはつい他の人にも意見を尋ねてしまうものです。他人の意見も参考にしたほうが、よりよい判断ができそうな気がするからです。

　しかし、それもケース・バイ・ケース。

　なかには、他人の意見を聞くことによって正しい判断ができなくなってしまうこともあるのです。

　ドイツにあるゲッチンゲン大学のアンドレアス・モジッシュは、航空会社の人事担当者になったつもりで、4名の応募者のうち、適切な人を話し合いで選び出すという実験をしてみたことがあります。話し合いは4人1組でなされることになっていたのですが、本物の参加者以外は全員サクラ。

　Aさん、Bさん、Cさん、Dさんという4名の応募者のうち、よく履歴書を読むとCさんが適切ということは、わりと簡単に判断できるようになっていました（Cさんには良いところが6つ、悪いところが3つあったのですが、残りの3名は、よいところが4つ、悪いところが5つでした）。

　ただし、話し合いのときに他のメンバーは、2名がAさんを推し、残りの1名はDさんがふさわしいと告げました。わざと判断を惑わせるようなことを言ったのです。

　すると、話し合いをせずに自分ひとりで判断をさせるコントロール条件では61％が正しくCさんを選んだのに、話し合いをさせる実験条件では28％しかCさんを選ばない、という結果になりました。

　私たちは、自分ひとりで理性的に判断すれば、正しい判断ができるようなときでも、**他人の意見を聞いたりするとそちらに引きずられてしまう**といえるでしょう。

　もちろん、他の人の意見を聞くことは大切なことですし、自分ひとりで判断したほうが、いつでも正しい判断ができるのかというと、そんなこともありません。

　あくまでもケース・バイ・ケースなのですが、わりと簡単に正しく判断で

きることは自分で決めたほうがよく、他人の意見などを求めると判断がゆがめられてしまうこともあるのだ、ということは覚えておいてもよいでしょう。

　企業の人事担当者は、自分ひとりで採用を決めてしまうことに責任や重圧を感じて、つい他の担当者の意見も参考にしてしまうことのほうが多いと思うのですが、ひょっとするとこれはあまりよくないかもしれません。モジッシュの実験で明らかにされたように、判断が狂わせられてしまう危険があるからです。

　判断が狂わないようにするためには、あらかじめ**「こういう基準で採用しよう」**ということを決めておき、その基準に従って**客観的に判断する**とよいでしょう。あらかじめ基準を決めておけば、そんなにおかしな判断もしなくなるからです。

人事担当者として採用者を選ぶ実験（Cさんが最も適切である場合）

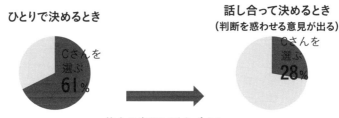

ひとりで決めるとき

Cさんを選ぶ 61%

話し合って決めるとき
（判断を惑わせる意見が出る）

Cさんを選ぶ 28%

他人の意見に引きずられ
正しい判断ができなくなった

心理学から、ものの見方について考えましょう。

問 1

「感情消失バイアス」とはどんな現象ですか？　具体的な場面とともに答えてください。

問 2

現実と自分の認知が大きく異なっていた経験はありますか？　なぜ違いが生じたのかも含めて答えてください。

問 1

_____

_____

_____

_____

問 2

_____

_____

_____

_____

解答は 165 ページ

第3週

世の中を読み解くための
心理学

⚜

⚜

❦

心理学は社会の動きを
理解するためにも大いに役立ちます。

第3週では、
ビジネスや企業に関わる心理学、組織づくりの心理学などを
さまざまな実験を通して見ていきます。
集団がどのような心理で行動したり判断したりするのかを知り、
人間社会を読み解くための
幅広い視点を心理学を通して身につけましょう。

❦

第**1**日

人の行動の裏にはどんな 心理が働いているのか?

私たちは、付き合う人の
影響を受けやすい

「朱に交われば赤くなる」という諺があります。不良の友だちと付き合っていると、自分も次第に不良になってゆきますし、勉強好きな友だちと付き合うようにしていると、自分もそのうちに勉強が好きになっていく、という現象を言い表したものです。

だいたい、昔から言われてきた諺には、心理学的にいってもそれなりに正しいことが科学的に立証されているものが多いのですが、「朱に交われば赤くなる」についてもそうです。この諺は、現代の心理学によって正しいことが明らかにされています。

オランダにあるラドバウド大学のギート・ヴァーヘイエンは、中学生1016名のうち、まったくゲームをしない311名を除外し、705名について調査をしたことがあります。

まずは、自分が一番の親友だと思っている人の名前を教えてもらう一方で、どれくらい親友と一緒に暴力的なゲームで遊んでいるのかを教えてもらいました。

それから1年後、「クラスの中で、他の生徒を蹴ったり、殴ったりする人がいれば、その人の名前を匿名で教えてください」とお願いしました。

すると、暴力的なゲームが好きで、よく遊んでいる親友がいると、1年後には、自分も暴力的になり、「クラスで鼻つまみ者になりやすい」ということがわかったのです。友だちがゲームの影響なのか、乱暴だったりすると、1年後には、その友だちである自分自身も、友だちと同じように粗暴な人間になってしまう、ということです。

「孟母三遷」という言葉があります。

この諺も私たちが周囲の人の影響を受けやすいことを示したものです。

孟子という、儒教では孔子に次いで立派な人物とされている人がいるのですが、その孟子のお母さんが孟母。

まだ孟子が小さかった頃、はじめは墓場のそばに住んでいたのですが、孟子が葬式の真似ばかりするので、「これは子どもの教育にとってよくない」と考えた孟母は、市場の近くに引っ越しをしました。すると孟子は、今度は商人の駆け引きを真似るようになったので、孟母は「これもよくない」と考えました。そして最後に学校のそばに引っ越しをしたところ、孟子は先生の礼儀作法を真似るようになったので、ようやくそこに腰を落ち着けた、という逸話があります。「孟母三遷」というのは、孟子のお母さんの3回の引っ越し、という意味なのです。

　後年、孟子が立派な人物になれたのも、孟子のお母さんが、付き合う人を選ばせたからでしょう。

　読者のみなさんも、「付き合う人は、きちんと選んだほうがいいよ」という教えを人生のどこかで一度くらいは受けたと思うのですが、心理学的にもまさにその通りですので、付き合う人はよくよく選び抜いたほうがいいかもしれません。

音楽好きと付き合って
音楽好きになる

本好きと付き合って
本好きになる

災害時にパニックが
起きるときと、起きないとき

　自然災害や大事故が起きたとき、その場に居合わせる人たちは、みなパニックになってしまうと考えられています。

　けれども、**実際には、そんなにパニックは起きません**。災害に巻き込まれても、わりと理性的で、冷静に行動するようです。

　アメリカで同時多発テロ事件が起きたとき、旅客機が突っ込んだ世界貿易センタービル内部で働く人たちは、あまりパニックを起こさなかったと言われています。静かに列を作って非常階段を粛々と降りていったという証言もあります。

　では、どういうときにパニックが起きるのかというと、**どれくらい時間的に切羽詰まっているか**、ということが関係しています。時間的に余裕があると、人は落ち着いていられるのです。

　スイスにあるチューリッヒ大学のブルーノ・フレイは、歴史上、最悪の海難事故と言われているタイタニック号と、ルシタニア号での事故を比較しています。

　タイタニック号は、1912年4月14日に沈没し、1517名の死者を出しました。ルシタニア号は、1915年5月7日に沈没し、1198名の死者を出しています。どちらも同じような豪華客船で、死者の数も似たようなものでしたが、この2つの事故には、大きな違いが見られました。

　タイタニック号の乗客は、あまりパニックを起こさず、比較的理性的に振る舞いました。子どもは大人よりも14.8％も多く生き延びました。「女性と子どもは優先的に脱出させるべき」という理性が働いて行動したためです。

　ところが、ルシタニア号では、大人のほうが多く脱出し、子どもは大人より5.3％少ないという悲しい結果になりました。また、タイタニック号では、女性は男性より53％も多く救出されたのに、ルシタニア号では女性のほうが多かったのですが、わずかに1.1％だけでした。ようするに、ルシタニア

号では、大人の男性が、女性と子どもを放っておきながら、我先に脱出したことがわかります。つまり、パニック状態に陥っていたのです。

　フレイによると、ルシタニア号でパニックが起きたのは、沈没までの時間のせい。

　タイタニック号は、浸水がゆっくりで、沈没までに2時間40分もかかったのです。時間があったので、人は正常な理性を取り戻すことができたのだろう、とフレイは推論しています。一方、ルシタニア号のほうは、沈没までにわずか18分。こういうときには、自分だけが助かりたいという利己的な衝動で人は行動してしまうようです。

　災害や事故では、人はパニックになりやすいと思われていますが、実際にはそうでもありません。本当に時間的に危機が差し迫っているのでなければ、わりと理性的に行動できるようなのです。

タイタニック号の乗客はあまりパニックを起こさなかった

高い買い物ほど、
「じっくり考えない」のがコツ

　私たちが、消費者として買い物をするとき、シャンプーなどの安い日用品を買うときには、何も考えずに適当な商品をさっさと選ぶのに、自動車やマンションなどの高額な買い物をするときには、じっくりと考えて、考えて、考え抜こうとするのが一般的です。

　けれども、心理学的に言えば、そういうやり方は大間違い。

　むしろ逆に、日用品のほうはしっかり考えて、**高い買い物をするときには、直感的に、あまり悩まず、自分がピンときたものをそのまま選んだほうがよい**ことを知っておくとよいかもしれません。

　なぜかというと、そのほうが後悔しないから。

　高い買い物をするとき、熟慮に熟慮を重ねると、かえって迷いが生まれ、購入した後で、「本当に自分は正しい選択をしたのか？」「やっぱり他のほうがよかったのかも？」と悩むことになります。それが大きな後悔を生み出すのです。

　オランダにあるアムステルダム大学のアプ・ディクステルホイスは、高級家具店にやってきたお客さま 27 名と、日用雑貨店にやってきたお客さま 27 名に、購入後に声をかけて、何を買ったのか、買う前にどれだけ悩んだのかを聞きました。さらに連絡先を尋ねて、数週間後に、「あのときの買い物にどれくらい満足していますか？」と聞いてみました。

　ディクステルホイスは、どれくらい悩んだのかを中央値で、高い人と低い人にわけ、「悩んだ人」と「悩まなかった人」に分類し、それぞれの後悔の大きさを比較してみたのです。

　すると、高級家具店で買い物をした人では、「悩まなかった人」のほうが満足度は高く、日用雑貨店の買い物客では、「悩んだ人」のほうが、「いやあ、いい買い物をした」と満足度が高くなることが明らかにされたのです。

　安い日用品を買うときには、「こちらの商品のほうが 10 円安い」とか、「こ

高い買い物		安い日用品	
悩んだ人	悩まなかった人	悩んだ人	悩まなかった人
満足度		満足度	

ちらの商品のほうがカロリーは低い」というように、じっくり考えてよいのです。むしろ、そうしたほうが買い物後には、ものすごく満足できるでしょう。

ところが、高額な買い物のときには、そういうことをしてはいけません。

「なんとなく、これ！」とパッと選んでしまったほうが、購入後にも後悔することがありませんから、ぜひそうしてください。

悩めば悩むほど、どれを選んだらよいのかがわからなくなりますし、「隣にあったもののほうがよかったかも？」「セールを待ったほうがよかったかも？」と大いに悶々とした気分を味わうことになってしまいますよ。そういう気分を味わいたくないのなら、とにかく直感で選んでしまったほうがいいのです。

心理学のお勉強をしていると、こういう知識も得ることができますし、「買い物上手」にもなることができるのです。まことに有用で、便利な学問だと思いませんか。

広告は、相手によって
変えたほうがうまくいく

広告というものは、相手の性格に応じたもののほうがうまくいくことがわかっています。

自分の性格にぴったりと一致したメッセージの場合は、「心に刺さる」のですが、一致しない場合には、「なんだかな」と感じて、まったく心が動かないのです。

コロンビア大学のサンドラ・マッツは、イギリスの化粧品メーカーの広告を使って、ある実験を行いました。

広告は2種類用意されていました。外向的な人（社交性が高くて、人付き合いが好きなタイプ）に一致する広告と、内向的な人（人付き合いがあまり好きではなく、1人で読書をしたりするのを好むタイプ）に一致する広告です。

外向的な人に一致する広告では、激しく踊る女性の映像に加えて、「みんなが注目してくれる」というメッセージが書かれていました。

内向的な人に一致する広告では、部屋の中で静かに鏡に向かってメイクをする女性の映像と、「美は、声高に主張する必要のないものです」というメッセージが書かれていました。

それぞれの広告を見せたところ、**自分の性格と一致する広告を見せられたときには、一致しない広告を見せられたときよりも、購入してくれる人は1.54倍も増える**ことがわかりました。

残念ながら、万人に効く広告というものはありません。

なぜなら、人の性格や好みは人によって違うからです。ひとつの広告で、すべての人の心を動かそうというのは、ちょっとムリなのです。

テレビやラジオなどのメディアで広告をするときには、広告費の予算などの関係で、どうしても広告は統一しなければならないでしょうが、インターネット広告では、いくつかのバリエーションを用意することがわりと簡単に

できます。ですので、ユーザーの性格に一致した広告を作ったほうが、広告の効果を高めることができるでしょう。

　ちなみに、相手に応じたメッセージを使うことは、「**カスタムコミュニケーション**」と呼ばれています。

　さすがに何十種類もの広告を作る必要はないと思いますが、サンドラ・マッツの実験で明らかにされたように、外向的な人向けのものと、内向的な人向けのものの、2つくらいのバージョンはあったほうがよいように思います。

　会社で、パンフレットや資料を作るときにも、できれば外向的なお客さま向けのものと、内向的なお客さま向けの2つくらいのバージョンを作っておくと、商談などもたやすくなるのではないかと思われます。

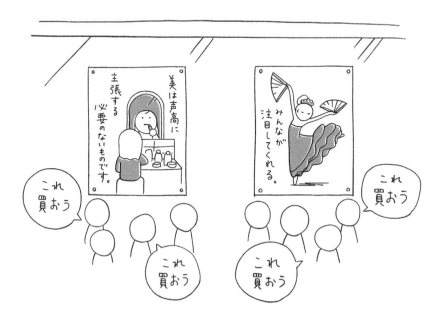

武器を持っていると
使いたくなるのが人情

　武器を持っていると、どうしてもそれを使ってみたくなるのが人情ではないでしょうか。その辺にバットが置いてあれば、素振りのひとつもしたくなるものですし、ピアノが置いてあれば、鍵盤を叩いてみたくなるのが人間というものです。

　私たちは、武器を持っていると、使う必要がないところでも、使いたくなります。

　イギリスでは、アメリカや日本と違って、警官は拳銃を持っていません。

　けれども、テロリストの脅威などもあり、凶悪な犯罪も増えてきたので、より「致死的でない武器」を携帯することにしました。電気ショックを与えて、人の動きを奪うテーザー銃という武器です。テーザー銃を使えば、生命を奪うことはありませんが、犯人を拘束することができます。

　ケンブリッジ大学のバラク・アリエルは、ロンドン市警察でテーザー銃の携帯が認められたときに、「これはとてもいい社会実験だ」と考えました。テーザー銃の導入が、警官にどのような変化をもたらすかが、実験的に確認できると考えたのです。

　アリエルが警察のデータを分析してみたところ、パトロールのときにテーザー銃を携帯している警官は、携帯していない警官に比べて、怪しい人を取り押さえるときに実力行使する割合が48％も高くなることを突き止めました。「武器を持っていたら、どうしたって使いたくなるもの」ということがわかったのです。

　テーザー銃を持っていない警官は、なんとか言葉で説得してナイフや鈍器などを捨てさせようと試みるわけですが、テーザー銃を持っている警官は、もうそういう説得は面倒くさいと感じるのか、いきなり実力行使。武器があるのに、どうして使わないのか、ということなのでしょう。

　銃を持っていなければ、たとえ気に入らないことがあっても、せいぜい口

汚くののしりあうだけですむのですが、銃を持っていれば、カッとなって銃を抜くようなことが起きてしまう確率は高まるのです。

　幸いなことに、日本ではアメリカのように銃を簡単に手に入れることはできません。猟銃などは許可制で購入できるようですが、猟師でもない人はまず買うことはできないでしょう。このことは、非常によいことだと思います。日本の社会が、世界水準で見ても非常に安心な社会なのは、身近なところに武器となるものがあまりないからだといえます。

　そういえば、豊臣秀吉は、農民から刀を取り上げる「刀狩り」というものを行いましたが、心理学的に言えば、これも正解。物騒なものを普通の人に持たせておくと、危なっかしい社会になってしまうからです。

第1週 第2週 第3週

① ② ③ ④ ⑤

知識 を 自分 の もの に する ため の 独学 テスト

人が動く心理的要因を具体例とともに理解しましょう。

問 1

大災害が起こったとき、人はどのように行動するでしょうか。時間との関係から答えてください。

問 2

高額な買い物をするときの注意点を心理学的観点から答えてください。

問 1

_____

_____

_____

_____

問 2

_____

_____

_____

_____

解答は 166 ページ

第**2**日

組織をうまくいかせる心理学

コネがないとダメなのは、
日本社会だけではない

日本は、コネ社会だと言われています。

就職するときもそうで、親が大企業の重役だったりすると、子どもはすんなり（ほぼ無試験で）、親の企業に就職できてしまったりします。政治の世界でも、芸能界でも、親が大臣経験者だったり、芸能界の大御所だったりすると、その子どもは親の七光りで、やすやすと政治家やタレントになることができますよね。二世議員、二世タレントというやつです。

日本は、もう明らかにコネ社会。私も、たしかにそうだと思います。ですが、ちょっとここで立ち止まって、コネ社会なのは、日本だけなのかということを考えてみましょう。

そう考えて他の国に目をやってみると、アメリカだって、中国だって、韓国だって、どの国もコネ社会であることがわかります。何のことはない、日本だけがコネ社会というわけではなく、**どこの国だってコネ社会なのです**。

たとえば、オランダの例をご紹介しましょう。

ユトレヒト大学のエド・ボックスマンは、オランダにある従業員50名以上の4000社のトップマネジャーを対象に、「あなたはどうやって今の仕事を得たのですか？」と質問する研究を行っています。

すると、どうでしょう。61%のトップマネジャーは、新聞広告などの募集で仕事を見つけるのではなく、親や親せき、あるいはだれかの紹介で今の仕事を得ていることがわかりました。つまりは、コネ入社。

心理学では、コネを持っているかどうかのことを、「**社会資本**」という、カッコいい言葉で表現しています。「社会」というのは、「人脈やコネ」という意味で、「資本」というのは「お金」のことですから、たくさんのコネを持っている人は、たくさんお金（資本）を持っているのと、同じなのです。

ちなみに、ボックスマンは、社会資本（コネ）と収入の関係についても合わせて分析してみましたが、たしかにコネのある人ほど高収入になる傾向も

オランダ4000社（従業員50名以上）のトップマネジャーへの調査
「あなたはどうやって今の仕事を得ましたか？」

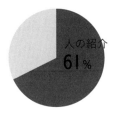

人の紹介
61%

多くの人がコネ入社をしていることがわかった

突き止められました。

「コネを使うなんて汚らしい！」

「コネを使うのはズルイ！」

だいたいこういう負け惜しみを口にするのは、コネを持っていない人。コネを持っていないのなら、積極的に自分から動いて、コネを作っていかなければなりませんし、それが社会で生き抜くための基本姿勢。何しろ、日本を含めて、結局は、どこの国の社会もコネ社会なのですから。

新人いじめは
通過儀礼でもあった

　大学寮や部活動では、「新入生いじめ」のようなものが毎年行われます。

　大学やサークルによっては、それが伝統行事のようになっているところもあります。

　米国ニューヨーク州にあるコルゲート大学のキャロリン・キーティングは、そういう新入生いじめについての調査を行ってみました。

　調べてみると、運動系のサークルにおいては、グラウンドを何周も走らせるような身体的ないじめやしごきが多く、ギリシャ語サークルのような文系の集まりでは、人前で歌わせるような恥ずかしいことを求めるいじめが多いことがわかりました。

　では、なぜ新入生をいじめたりするのでしょう。

　キーティングによると、新入生いじめにも、それなりの意味というか、機能があるようです。

　まず、新入生をいじめることによって、先輩と後輩という組織のヒエラルキーを教えることができること。これにより、新入生を**従順にさせる効果**があるそうです。

　また、厳しいいじめがあるサークルほど、厳しい通過儀礼を乗り越えることで、「私たちはサークルの一員なのだ」という**アイデンティティーが強化される**という機能もあるそうです。

　そういえば、日本のかつての職場もそんな感じでした。

　新卒一年目の新人は、先輩にしこたまお酒を飲まされたり、踊らされたりして、組織のヒエラルキー構造を叩きこまれる一方、「この儀式をやったのだから、晴れて私はこの会社の一員なのだ」という意識も強化されたのではないでしょうか。

　もちろん、そんなことをしたらパワハラ（パワーハラスメント）になってしまいますから、最近では、どの会社でもそんなにひどいことはやらせませ

ん。法律違反にもなってしまいます。

　けれども、こういう通過儀礼がなくなったことにより、新人は、会社の一員というアイデンティティーを感じられにくくなっているのも事実。自分の会社に強い思い入れを持つことができず、簡単に辞めてしまうのも、その証左でしょう。

　いじめは絶対によくないことは論をまちませんが、まったく何の益もないかというと、そういうわけでもないところが、非常に悩ましいところです。

成功している企業ほど、
変化に弱い

どの業界もそうだと思うのですが、業界で最大手のリーディングカンパニーになればなるほど、大企業病にかかってしまいます。

大企業病の症状としては、風通しの悪さや、硬直した組織構造。変化への柔軟性の欠如などが挙げられるでしょう。

大企業であることには、いろいろと利点はあります。しかし、それにあぐらをかいていると、状況が変わったときに、とんでもない目に遭うのです。

ロンドン・ビジネス・スクールのピノ・オーディアは、米国の航空業界の調査を行っています。アメリカの航空業界では、1978 年に大幅な規制緩和がなされました。新規参入もできるようになり、航空運賃も各社が自由に決めてよいことになりました。オーディアは、規制緩和がなされる前の 5 年間と、規制緩和後の 5 年間における、23 の航空会社のデータを調べてみたのです。

その結果、規制緩和の前の 5 年間で、大きな純利益率（ROS）を出している会社ほど、規制緩和後には、大きく純利益率を落とすことがわかりました。理由は単純で、過去のやり方を変えないから。

大企業は、状況が変わっても、それまでのやり方を踏襲し続けようとするのです。状況は変わっても、「私たちは変わらなくていいよ」と思うのでしょうか。ともあれ、手をこまねいているうちに、新規参入の会社や、上手に変化をした競合他社にあれよあれよとお客を奪われてしまうのです。

オーディアはまた、アメリカのトラック業界の調査もしています。この業界でも 1980 年に大きな規制緩和があったので、125 社を対象に、その前後の 5 年間ずつの純利益率を調べてみたのです。

するとやはり、規制緩和前に**大きな利益を上げていたリーディングカンパニーほど、規制緩和後にはダメになる**ことがわかりました。航空業界とまったく同じ構図で、過去にうまくいっているところほど、規制緩和の影響をモ

ロに受けてしまうのです。

　消費者にとっては、規制緩和がなされ、商品やサービスが安くなるのは、大歓迎なのですが、大企業にとっては、規制緩和のときほど気をつけなければなりません。「とりあえずしばらくは今のままで静観」という態度をとっていると、坂道を転げ落ちるように業績を落としてしまいますから。

　「うちの会社は、中小企業だから大丈夫」と思った人がいるかもしれませんが、中小企業であっても、大企業病にならない、というわけではありませんよ。社長がワンマンだったりすると、同じように大企業病になってしまいますので、状況の変化には柔軟に対応できなくなることが予想されます。

　ともあれ、いつ状況が変わっても、即座に対応できる体制だけはきちんと整えておかなければなりません。これは、どの会社もそうだと思います。

過去のやり方を変えないと業績が大きく落ちかねない

どんなリーダーがよいかは、フォロワー次第

　リーダーというと、自分が積極的に行動し、他の人をグイグイと牽引していくような存在だと思われています。

　しかし、こういう一般的な「リーダー像」に当てはまるようなリーダーがうまくいくのか、というと必ずしもそんなことはありません。むしろ、周囲の人たちの話をよく聞き、自分では基本的に何もせず、ただみんながやっていることを温かく見つめているだけでよい、ということもあるのです。

　結局、どんなリーダーがよいのかは、フォロワーによります。

　従業員がそんなにやる気もなく、自分からあまり動かないときには、リーダーがどんどん指示を出して、動かしたほうがうまくいきます。

　ところが、**従業員のやる気が高く、積極的に仕事をしているときには、リーダーは余計なことをしないほうがいいのです。**指示や命令を出そうとすると、かえって従業員のやる気をそいでしまいますから。

　ペンシルバニア大学のアダム・グラントは、アメリカで全国展開しているピザ・デリバリー・チェーンのフランチャイズ店130店にアンケートを郵送し、その回答を分析してみました。

　その結果、従業員がどちらかというと受け身の姿勢で仕事をしているときには、店長がリーダーシップを発揮したほうが、店舗の利益率は高くなりました。週当たりの利益率も、お客さまの注文価格もアップしていたのです。

　ところが、従業員が意欲的で、挑戦的で、自分たちでどんどん動くようなタイプの店舗においては、店長が受け身のほうが、利益率は高くなりました。従業員にやる気があるときには、リーダーの店長は何もしないほうがよかったのです。

　もし読者のみなさんが、社内のプロジェクトでリーダーをまかされるようになったとしたら、まずは自分が抱えているメンバーについてよく観察してみましょう。部下になるメンバーは、大胆で、エネルギッシュでしょうか。

利益率が上がる従業員と店長の関係

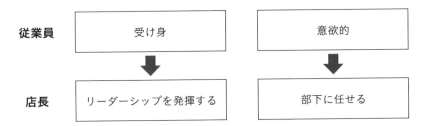

従業員	受け身	意欲的
	⬇	⬇
店長	リーダーシップを発揮する	部下に任せる

表情が生き生きとしていて、やる気に満ち溢れて見えるでしょうか。もしそうなら、リーダーらしいところを見せようとしないほうがいいでしょう。むしろ、放っておいたほうが、部下のパフォーマンスはよくなるはずですから。

リーダーがあれこれと指図したほうがいいのは、部下たちにあまりやる気がなく、具体的な指示を出さないとまったく動いてくれないとき。こういうときには、矢継ぎ早に指示を出し、できるだけ遊ばせないようにしたほうが、部下のパフォーマンスはよくなります。

良いリーダーというものは、部下や状況に応じて、自分の態度を柔軟に変化させることができる人。

ある決まったやり方だけをいつでもとり続けるのは、あまり得策ではありません。「リーダーらしくない」と思われるかもしれませんが、部下のやりたいようにおまかせしてしまったほうがよいこともあるのです。

新しいことをやらせるなら、新人がよい

新しい事業を立ち上げたり、大衆がびっくりするような新商品を開発できたりするのは、実は新人だったりします。まったく経験の足りない新人のほうが、ものすごく斬新な発想を出せるものなのです。

もしみなさんが経営者なのであれば、できるだけ新人に新しいことをやらせたほうがいいですね。

「ある程度、業界にも詳しくなって、経験がある人のほうがいいのでは……」と考え、もっと年配の人にまかせるようなことがあってはいけません。

なぜ、新人のほうがいいのでしょうか。

ワシントン大学のミッシェル・デュグイドは、新人、ミドル、トップの3つのカテゴリーの人間が、それぞれにどれくらい評価を気にするのかを調べてみました。

すると、もっとも評価を気にするのがミドルだということがわかったのです。

ミドル層の人は、評価を気にして、また自分の既存の地位を失うことを恐れて、創造的なアイデアを出せません。評価を気にする必要がないトップ、あるいは、地位を失う恐れのない新人ほど、創造的なアイデアを出せるとデュグイドは指摘しています。

下っ端の新人の強みは、何も失うものがないこと。

たとえ失敗しても、もともと最下層の地位にいるので、それより下に降格させられるという心配がありません。もともと平社員で、肩書を持っていないので、**地位を失うことを恐れることもなく、新しいことにガンガン挑戦できる**のです。

ミドルになってくると、なかなかこういうわけにはいきません。

「おかしなことをすると左遷されちゃうかも……」

「おかしな企画を提案して失敗したら、減給されちゃうかも……」

こういう不安が頭をよぎるので、斬新なことなどとてもできなくなるのです。言われてみれば当たり前のことなのですけどね。

　新人には、まったく何の実績もありません。新人なのですから。成功する保証も、もちろん、ありません。何せ、一度も試したことがないのですから。けれども、そんなことを言っていたら、新人に仕事をまかせることはできなくなってしまいます。

　だれにでも新人の頃はあるのですし、「新人だから、やらせない」ではなく、**「新人だからこそ、どんどん新しいビジネスをやらせてみる」** という発想をとったほうがいいでしょう。

　ミドルは、評価のほうが気になりすぎて、新しいことへのチャレンジができないことが多いので、むしろ新人にまかせたほうがいいということを覚えておきましょう。

具体的な場面を想定して、組織と人の特性を理解しましょう。

問 1

あなたは会社で新人育成を担当することになりました。どのようなことに気をつけて新人へ対応し、成長や組織への貢献を促せばよいでしょうか。

問 1

_____

_____

_____

_____

解答は 166 ページ

ビジネスに役立つ心理学

ファッション業界で 成功したいなら、海外移住

ファッションというものは、新しいコンセプトから生み出されます。伝統を踏襲しつつも、そこに新しい要素を付け加えることで、斬新なファッションが生まれるのです。

もしファッション業界で、**デザイナーやディレクターとして大成したいのであれば、とにかく海外に住む**ようにしてください。

異文化に接すれば接するほど、そこから新しいインスピレーションを得ることができ、オリジナリティが高いファッションを生み出すことができるでしょう。日本にずっと住んでいるだけでは、なかなか新しい発想は生まれません。

欧州経営大学院(インシアード)のフレデリック・ゴッダートは、ファッション業界での 21 シーズン分(11 年分)のコレクションに対するバイヤーとファッション評論家の評価を調べてみました。

その結果、オリジナリティが高いと評価されたコレクションは、2 か国、または 3 か国の海外経験のあるディレクターのものであることがわかりました。

なお、海外経験といっても、ちょっと旅行に出かけるようなレベルではダメです。ゴッダートによると、海外経験の「深さ」が重要で、新しいコンセプトを生み出すには海外に長く住む必要があるそうです。もっともオリジナリティが高いとされたコレクションは、海外勤務が 35 年もあるディレクターのものだった、とゴッダートは指摘しています。

さらにゴッダートによると、たとえ海外といっても、地理的、文化的に近いところではあまりファッションの勉強にならないとも述べています。アメリカ人の場合ですと、カナダは海外とはいえ、お隣なので勉強になりません。アジアやアフリカの国に出かけないと、ファッションに役立つコンセプトを得ることはできないというのです。

同じ国にずっと住んでいても、新しいインスピレーションは湧いてきません。

　自分にとっては、**まったく見慣れない異国情緒が漂う国に住み、そこで実際に生活することによって、新しい発想を得ることができるのです。**

　日本に住んでいても、ファッションを学べるスクールですとか、専門学校のようなものはありますが、そういうところに通っても、実際のところ、デザイナーとして成功するのは難しいように思います。

　ファッションを学びたいのであれば、できるだけ早く海外に出かけ、下働きでも何でもかまわないので、現地でファッションの勉強をさせてもらうのが一番の近道なのではないかと思われます。

いきなり独立起業するのは
やめたほうがよい

第1週 第2週 第3週 ① ② ❸ ④ ⑤

「ようし、いいアイデアを思いついたぞ！」

「このビジネスモデルで天下を取ってやる！」

　もし何らかの新商品やビジネスモデルを思いついたからといって、すぐに会社を辞めたりするのは、あまりおススメできません。これは私の意見ではなく、そういうことを示すデータがちゃんとあるからです。

　ウィスコンシン大学のジョセフ・ラフィーは、1994 年から 2008 年に起業した 20 代から 50 代の 5000 人以上の起業家について調べてみました。

　ラフィーは、今の会社を辞めて、自分で起業した会社に専念した人と、本業を続けたまま、副業として起業している人を比較してみたのです。

　何となくのイメージとしては、リスクをおそれず、起業した会社に全力を出して専念する人のほうがうまくいくような感じがします。

　ところが、現実のデータは逆のことを示していました。**本業はしっかりと確保しつつ、副業として起業家になっている人のほうが、会社を倒産させることなく、失敗する確率は 33％も低くなる**ことがわかったのです。

　いきなり会社を辞めないほうがいいよ、と私が申し上げた理由がこれでおわかりいただけるのではないでしょうか。

　会社を辞めずに、とりあえずは副業でスタートしてみて、しばらくは様子見をしましょう。それで絶対確実に「いける！」と判断できてから、会社を辞めればいいのです。それからでも少しも遅くありません。

　私たちは、どうしても自分には甘い判断をするものです。「これは儲かる！」と思い込みやすいのです。捕らぬ狸の皮算用という言葉は、こういうときに使う慣用句なのでしょう。

　うまくいくと思うのは自分だけで、たいていの場合には、そんなにうまくいかないのが相場ですから、早まって会社を辞めたりすると、取り返しのつかないことになるので注意してください。

「いやあ〜、それでも何だかうまくいきそうなんだよね〜」と思う人がいるかもしれませんので、日本の統計を見てみましょう。経済産業省の HP にある「中小企業白書」の統計を見ると、新しく設立された会社や個人事業が 1 年後まで生き残っている生存率は 72％。

「ほら、7 割はうまくいくんだよ」と思ってはいけません。むしろ、30％の人は 1 年も持たずに廃業せざるを得なかった、と考えるべきです。ちなみに、起業後 3 年での生存率は約 50％。半分は脱落します。起業後 5 年での生存率は約 40％。大半のケースでは、5 年も生き残れない計算になります。

新設した会社の生存率

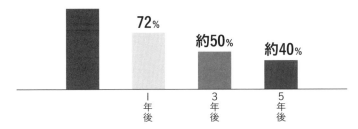

こういうデータを見ると、「さすがにいきなり会社を辞めるのは、ちょっとリスキーだぞ」ということに気づかなければなりません。それでもいいのだ、自分の夢をかなえるのだ、という人は止めませんが、相当に努力しないと生き残れないことは覚悟しておいてください。

若いうちに起業したほうがいい、というのはウソ

第1週 第2週 **第3週**

① ② **❸** ④ ⑤

　ビル・ゲイツにしろ、スティーブ・ジョブズにしろ、マーク・ザッカーバーグにしろ、若くして成功者になった人はたくさんいます。

　けれども、「そういう人もまれにいる」というのが実際のところで、現実には、若いうちに成功できるケースなど、ほとんどありません。ビル・ゲイツなどは例外中の例外、と考えたほうがいいでしょう。

　よくあるビジネス書を読むと、「若いうちにこそ、起業すべきだ」などと書かれていたりしますよね。

　けれども、そういう本の内容を真に受けてはいけません。

　若いうちに何かをやろうとすると、たいてい失敗します。

　マサチューセッツ工科大学のピエール・アズーレイは、「若者ほど、起業家として成功する」と思われているのは、果たして本当なのかと疑問を持ちました。

　そこで、アメリカの国勢調査10年分のデータを分析してみたのですが、**起業家として成功しているのは「中年」であって、「若者」ではない**、という明確な結果が得られました。

　アズーレイによると、新規のベンチャーでもっとも早い成長を示す起業家の創業時の年齢は45歳。45歳というのは、とても若者とはいえません。

　やはり起業家として成功するためには、ある程度の経験なども必要なのでしょう。若者が、ちょっとした思いつきで何かの商売を始めようとしても、うまくいくわけがないのですよね。

　最近の若い人の中には、YouTuberになって大金持ちになってやろうという人が増えたようですが、YouTuberとして成功しているのは、ほんの一握りにすぎない、ということは知っておかなければなりません。どんな商売もそうですが、相当に工夫をしないとうまくいきません。YouTubeもそれは同じ。

若いうちには、とにかくしっかりと今の自分の仕事に精を出し、何かを始めようとするのは、もっと遅くともかまわないのではないでしょうか。

これからは人生100年時代になるとも言われているのですから、あせって若いうちに勝負をする必要もないでしょう。40代、50代になって、十分に業界経験を積み、人脈を増やしてから勝負をしても、少しも遅くありません。

若いころにやんちゃだった人ほど、起業家に向いている!?

　ドイツにあるフリードリヒ・シラー大学のマーティン・オブションカは、びっくりするような論文を発表しています。思春期の頃に、手も付けられないような**不良でやんちゃだった人ほど**、**後年、起業家として大成しやすい**というのです。

　なぜ、若いころにタバコを吸ったり、お酒を飲んだり、バイクを乗り回したり、校則違反をしているような人ほど、起業家としてうまくいくというのでしょうか。

　オブションカによりますと、ビジネスで成功するためには、既存の価値観や既存のルールをぶち壊すことが求められるから。どんな業界もそうですが、みんながやっていること、多くの人が昔からのやり方でやっていることとは、違うことをしなければ成功しません。

　若いころに、ルール違反をしていた人たちは、大人になってからも、「みんなのルールなど、俺の知ったことか!」という態度で仕事をします。こういう姿勢は、起業家として非常に重要なことです。したがって、若いころにやんちゃな人ほど、起業家に向いているとオブションカは指摘しています。

　考えてみると、ビジネスというものは、きれいごとだけではやっていけないのですよね。

　正直なだけではダメで、たまにはずる賢いこともやらないと、つまり、ちょっぴりルール違反もするくらいでないと、なかなかビジネスチャンスもつかめないのではないかと思います。

　ビル・ゲイツにも、スティーブ・ジョブズにも、まだ商品は出来上がっていないのに、はったりで契約をとってきてから、死に物狂いで商品を開発して何とか都合をつけた、という逸話が残されています。こういう詐欺まがいのことも、平気な顔でできなくては、大きな仕事はできないのかもしれません。

小さな頃から、真面目に育った人は、なかなかこういう芸当はできないでしょう。きちんと相手に引き渡せる商品が出来上がって、それからその商品を売る、という手続きを踏まないと、どうにも落ち着きが悪いからです。

　その点、**若いころにやんちゃだった人は、そういう通常の手続きなど、やすやすと無視してしまいます**。小さな頃からルール違反に慣れっこになっているのか、気が咎めることもないのでしょう。

　もちろん私は、ビジネスで成功したいなら、法律違反をしろとか、詐欺行為をしろ、などと言っているのではありませんので、誤解しないでください。ただ、本当に大きなチャンスがつかめそうなときには、「できない」ことでも、「できる！」と断言して、その仕事をとってくるくらいの大胆さは必要です。

　かくいう私も、出版社の人から「こういうテーマの本を書けますか？」という依頼があったときには、自信がなくとも「書けます」とウソをつき、それから必死に資料を調べて何とか乗り切ったことが何度もあります。

将来社長

独創的な作品を生むためには量で勝負

独創的な作品というものは、駄作の中から生まれてくるものです。

とにかくたくさんの作品を作り出すことによって、そうこうするうちに独創的な作品もいくつか生まれてくる、というのが実際のところ。

ピカソは、その生涯で8万点もの絵画を描きました。とんでもない量です。これだけの作品を描けば、そのうちのいくつかが認められ、評価されるのも当たり前だと言えるでしょう。

もし天才という人がいるのなら、それは「量をこなせる」人のこと。

決して、天賦の才を生まれ持った人のことではありません。

この点を誤解しないようにしたいものです。少ない作品しか残さず、その作品がすべて認められるということはありません。駄作、失敗作もたくさんあるものの、とにかく多くの作品を生み出しているからこそ、そのうちに認められる作品も出てくる、というのが事実です。

ニューヨーク市立大学ブルックリン校のアーロン・コズベルトは、65名の著名な作曲家の作った15657曲を分析してみました。

5年ごとの作品数と、名曲が生まれた時期を調べてみると、もっともたくさん曲を書いているときに、名曲も生まれやすくなることがわかりました。これは、どの作曲家でもそうでした。とにかく大量に創作することが、オリジナリティのある作品を生み出すのです。

天才と呼ばれたモーツァルトは、35歳で死去するまでに600曲を作りました。もちろん、すべてが名曲ばかりというわけにはいきません。ベートーヴェンはその生涯で650曲、バッハは1000曲もの作曲を行っています。作曲家たちは、膨大な曲を残しているのですが、高く評価されているのは、圧倒的に少ない曲だけです。

これから芸術家になろうとか、発明家になろうという人は、とにかく量で勝負することを心がけてください。

たくさん作品を作っていれば、そのうちいいものも生まれてきます。

いいものだけを作ろう、という姿勢ではいけません。

面倒くさがらずに、とにかく量で勝負です。**クリエイティビティやオリジナリティというものは、どうもかなりの量をこなさないと発揮されないような性質を持っているようなのです。**

発明王のエジソンは、電球や映写機など、素晴らしい発明をしましたが、おかしなアイデアの作品もたくさん残しています。エジソンは生涯で2500冊の研究ノートを残して世を去ったそうですが、それくらいたくさん発明していれば、その中からいくつか実用的なものも生まれてくるのは当然だといえるでしょう。

たくさん作品を作ればいいものも生まれる

仕事における成功を心理学的に考えてみましょう。

問 1

仕事での成功において重要な心理学的な要素は何だと思いますか？
自分の経験や価値観もあわせて自由に書いてみてください。

問 1

解答は 166 ページ

幸福感を高める心理学

時間を節約するために
お金を使うと気分がよくなる

現代人は、時間の枯渇に悩んでいます。とにかく時間が足りないのです。仕事もしなければなりませんし、SNSもやらねばなりませんし、もちろん家事や育児もあります。とにかく忙しいのが現代人。自分でわざわざすることを増やしているということもありますが。

ハーバード大学のアシュリー・ウィランズは、現代人はいつでも時間が足りなくて悩んでいる、ということは**時間を節約するためにお金をかけている人は、ハッピーな気分になる**のではないかと仮説を立てました。

この仮説を検証するため、アメリカ、カナダ、デンマーク、オランダの人々6271名を対象に、一日の終わりに、どんなことにお金を使ったか、そしてその日を振り返ってどんな気分だったのかの記録をつけてもらいました。

その記録を分析したところ、まさしく仮説どおりでした。時間を節約するため、徒歩でも行けるのにタクシーを利用したり、自分で掃除をするのではなくハウスクリーニングを頼んだり、といったところにお金を使った日には、人はハッピーな気分になることができたのです。「ちょっと贅沢をした」と思うのでしょう。

お金を使うのなら、ぜひ時間を節約できるところに使ってください。そういうお金は、損をしたと感じませんから。むしろ、ものすごくハッピーな気分になれるのです。

自分で料理を作ってもいいのですが、たまには外食をしましょう。外食をすれば、自分で料理する時間も省けますし、後片付けや皿洗いをする時間も省くことができます。すると、こんなことでも人はハッピーになれるのです。**時間を買えば、人は幸福になれる**のですね。

何でもかんでも、自分でやろうとしてはいけません。自分でやろうとすると、とても時間が足りなくなってしまいますので、本当にやりたいことだけを自分でやって、その他のことは、できるだけ他の人にお願いしてやっても

らったほうがいいのです。そうすれば、時間を浮かせることができます。

　私は以前、会社の経理を自分でやっていました。市販の会計ソフトを使えば、簡単にできるからです。たしかに簡単といえば簡単なのですけれども、私は面倒くさいと感じたので、そっくり税理士さんにおまかせすることにしました。お金はかかりますが、私の手間を省くことができましたし、時間も浮いたのでハッピーです。

　出張に出かけるときにも、普通電車ではなく、ちょっとお金を払って特急や急行に乗りましょう。そうすれば早く到着でき、30分でも1時間でも、出張先で時間に余裕ができ、自由に散策できたりしますので、なんだか贅沢な気分になれますよ。

惜しいほど悔しい

　私たちは、惜しいほど悔しいと感じるようです。

　たとえば、試験で80点以上をとると「優」の成績がもらえ、80点未満だと「良」という成績だとしましょうか。

　Aさんは試験で79点。Bさんは72点だったとします。どちらも成績は「良」になるわけですが、では悔しいのはどちらだと思いますか。そう、Aさんのほうですよね。だって、ものすごく「惜しい」ので。

　宝くじもそうで、I等3億円の当選番号が「34組2476895」であるとして、自分の手元のくじが「34組2476894」だったりすると、ものすごく悔しい思いをすることが予想されます。「うわぁぁぁぁ」と叫んでしまうでしょうね。

　スタンフォード大学のデール・ミラーは、「極寒の地で飛行機事故が起き、奇跡的に一人だけ生存できました。彼は、歩いて町に向かいましたが、町の手前で息を引き取りました」という文章を読ませ、どれくらい悔しい思いをしたかを推測してもらうという実験を行いました。

　ただし、「息絶えた」という箇所を2つの条件でちょっと変えました。片方では、「町の手前400メートル」で息絶えたという文章になっていて、もう片方では「町の手前120キロ」となっていたのです。

　すると、この文章を読んだ人は、「手前400メートル」という、非常に惜しいときに悔しい思いをしたはずだ、と推測したのです。

町の手前 400メートルで 息絶える	or	町の手前 120キロで 息絶える

こちらのほうが
悔しい思いを
したと推測された

私たちは、**惜しいところまでいってうまくいかないと、ものすごく悔しい思いをする**ようなのです。

　大学の入試や、就職の試験において、「あと１点とっていれば合格（採用）」ということが、もしわかったとしたら、みなさんはどう思うでしょうか。信じられないくらいに、悔しいと感じることでしょう。

　そういう悔しい思いをするのなら、むしろ箸にも棒にもかからないくらいに、もう圧倒的な差をつけられて不合格のほうが、まだしも幸せかもしれません。

　オリンピックでもそうですが、わずか0.01秒のタイムで金メダルと銀メダルにわかれたときなど、銀メダリストがどれほど落ち込むかは容易に想像がつきます。ほんの少しのタイムで明暗がわかれてしまうのですから、とてもやりきれません。

　そうそう、アミューズメントパークなどに置かれているUFOキャッチャーにお金をつぎ込むのはやめたほうがいいですよ。あのゲームは、「もうちょっとで景品がとれそう」と思わせるような、惜しいところで失敗するようにできているゲームですからね。煮え湯を飲まされたような気分になりたくないなら、そもそもやらないことです。

直感が働くケース、働かないケース

　意思決定や判断をするとき、直感的にパッと選んだほうがよい場合と、じっくり考えたほうがよい場合があり、どういう条件のときにどちらを選ぶべきかについては、すでに心理学によって明らかにされた法則があります。

　自分にある程度の経験があるときには、直感的に選ぶほうがよく、あまり経験がないとか、経験が生かせないときにはじっくり考えたほうがうまくいきます。

　米国テキサス州にあるライス大学のエリック・デインは、有名ブランドと、偽ブランドのバッグを10個用意し、どれが本物かを見抜かせるという実験をしたことがあります。ただし、ある条件では考える時間は5秒。5秒と制限時間を設けることで直感的に選ぶように仕向けたのです。別の条件では、考える時間は30秒。こちらは、じっくり考えさせる条件といえますね。

　調べてみると、どちらの条件のほうが正しく見抜けるかには、参加者自身のブランドバッグ所有歴が関係していました。

　コーチやルイ・ヴィトンのバッグをこれまでに3つ以上も所有しているような人は、5秒という短い時間で直感的にパッと選んだほうが、30秒も考える条件に比べて22％も正しい選択率がアップしたのです。

ブランドバッグの本物、偽物を見分けられるか？

ブランドバッグを 3つ以上 所有している人	一度もブランドバッグを 所有したことが ない人
直観的に選んだほうが 正答率UP	じっくり考えたほうが 正答率UP

ところが、これまで一度もブランドバッグを所有したことがない人では、逆のパターンになり、30秒、じっくり考えたほうが正解しやすいこともわかったのです。

　同じような研究をもう一つご紹介しましょう。

　プリンストン大学のダニエル・カーネマンによると、医者が患者の診断をするときや、消防士が火災現場に突入するときの判断では、直感がうまくいくそうです。なぜかというと、過去の経験と現在の状況には関連性があるから。

　ところが、株式の仲買を直感でやろうとすると、うまくいかないそうです。

　理由は、株式の売買には、あまり経験が役に立たないから。株価は、あまりにも多くの変数（要因）によって影響を受けるので、過去のデータもそんなに参考にならないのでしょう。

　ちなみに、カーネマンによると、物理学者、会計士、保険アナリストなどは過去の経験が利用できるので、直感で判断してもOKらしいのですが、入試担当の採用事務局の人や、精神科医、株式仲買人などは直感からあまり利益を受けられないそうです。言われてみると、何となくそんな感じもしますね。

　直感がうまくいくかどうかは、どういう状況で判断するかで変わります。

　ある程度の経験があり、しかもその過去の状況と現在の状況がそんなに変わらないときには、直感で選んでも、そんなにおかしな判断にはならないのです。

患者の診断は
直感がうまくいく

人はなぜか
意味不明なことをする

　サッカーの試合をテレビで見ていると、タックルを受けた選手が、大げさに吹き飛ばされている（ように見える）シーンがしょっちゅう出てくることに気づきます。サッカーに詳しくない私のような人間が見ていても、「ああ、これはインチキな転び方だな」と気づくくらいなのですから、ほとんどの人がわかるのではないでしょうか。

　ポーツマス大学のポール・モリスは、サッカー選手がタックルを受けたときによくやる、弓のように身体を反らせて大げさに転ぶことを、「タックリング・ダイビング」と名づけ、この現象について調べています。

　モリスがタックルを受けて転ぶ選手のシーンをたくさん用意し、どれが意図的で、どれが意図的でないかを見抜かせるという実験をしたところ、サッカーの素人でさえ、どの転倒が意図的かを正しく見抜くことができることがわかりました。

　サッカーに関しての素人でさえ、大げさな転倒はすぐにわかるのです。

　プロの審判からすれば、なおさら。

　サッカー選手がやっている大げさな転倒アピール（タックリング・ダイビング）は、まったく意味がないということをモリスは明らかにしました。

　なぜ、サッカー選手が大げさに転倒しているのかは、よくわかりません。

　他の選手もやっているので、自分も同じようにやらないといけないと感じ、「うわあ〜！」と声を出しながら大げさに転倒して見せているのでしょうか。その辺の心理は、私はサッカー選手ではないので何とも言えません。

　サッカーの試合を見ていると、ものすごく大げさに転倒する選手でも、審判が反則のホイッスルを吹いてくれないと、ケロリとしてすぐに立ち上がり、そのまま走り始めるのですよね。とても不思議な現象です。

　野球やバスケットボールなど、他のスポーツでも、相手の反則をとるため

に、それなりのパフォーマンスをしてみせることはありますが、サッカー選手ほど大げさではないように思われます。どうしてサッカー選手だけ、あれほど大げさに転倒するのでしょうね。まったく意味がないのに。

　そういえばゴールを決めたときにも、サッカー選手の喜びようといったら、ものすごく大きいですよね。他のスポーツに比べると、信じられないほど飛び上がって喜んでいます。転倒したときに派手に転んで見せるのも、ゴールを決めたときに飛び上がるのと同じで、サッカー選手は何でも大げさにやらないと気がすまないのかもしれません。

悪い習慣をやめるには
代案を見つけること

　私たちは、自分でも「もうやめたほうがいいのかな？」とどこかで気づいているのに、それでもだらだらと過去の習慣を引きずり続けてしまうことがあります。タバコにしろ、お酒にしろ、パチンコにしろ、自分ではやめようと思っていても、なかなかやめられないことが多いのではないかと思います。

　こういうときには、何か新しい代案を見つけるといいかもしれません。

　タバコの代わりに、ニコチンガムを噛む。

　お酒を飲む代わりに、お茶を飲む。

　パチンコに出かける代わりに、近くの釣り堀に出かけるようにする。

　別にすることがあれば、わりと簡単に私たちは過去の習慣と縁を切ることができるみたいですよ。

　ニューヨーク州立大学のシャノン・ダノフバーグは、日焼けサロンに通う人についての研究を行っています。

　日焼けサロンによく行く人は、そうすることで外見を良くしたいとか、リラックスしたいとか、友だちを増やしたい、などのさまざまな理由を持っています。しかし、日焼けサロンには皮膚がんの危険もあるので、心のどこかでは通うのをやめたいとも思っていることが多いのです。

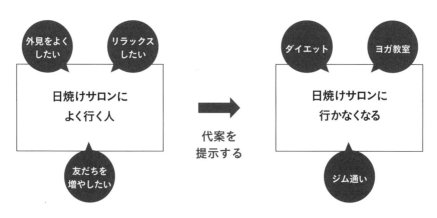

そこで、ダノフバーグは、こうした人たちに、「外見を良くしたいなら、他の方法があるよ」とか、「リラックスしたいなら、ヨガ教室がいいよ」とか、「友だちを増やしたいなら、ジムに通うといいよ」と〝代案〟を教えてあげるようにすると、日焼けサロンにいかなくなることを突き止めました。

私たちが、**やめたい習慣を続けるのは、代わりのものがないから。**

そのため、他に代わりのものを教えてあげるようにすると、わりとすんなりとそちらに移行できるものなのです。

人間関係でもそうですよ。

悪い友だちや、あまり性質のよくない恋人と、いつまでもだらだらと付き合い続けてしまう人もおりますが、そういう人は他に目を向ければいいのです。広い世の中には、もっと他にたくさんいい人がいるはずですから、新しい友だちや恋人を探せばいいのです。そのほうが、確実に本人にとってプラスになるでしょう。

ブラック企業で働かされている人もそうですね。「働くのがイヤ」というのなら、我慢する必要はありません。転職サイトなどで、別の仕事を探してみてください。他に何か代わりのものがあると思えば、いつまでも我慢せずに転職できます。

心理学をもとに幸せについて考えてみましょう。

問 1

あなたが幸せを感じるときや思い描く幸せは心理学的にどう説明できるで
しょうか。

問 1

_____

_____

_____

_____

_____

解答は 167 ページ

第 5 日

心理学で
社会を読み解く

銃規制は犯罪を減らせるか？

　アメリカにおいては、銃規制に関して2つの立場が真っ向から対立しています。

　銃規制の支持者は、「銃を持っている人がいるから犯罪が起きるのだから、銃規制すれば犯罪も、殺人も減るはずだ」と主張します。

　逆に、銃規制に反対し、銃を保有する権利を擁護する立場の人は、「銃を持っていれば、自分の身を守ることができる。それに相手も銃を持っていると思えば、おいそれと銃を使えなくなる。だから、抑止効果が働いて、犯罪を減らせるのだ」と主張します。

　なるほど、どちらの立場が言うこともももっともなように聞こえます。

　では、実際のところは、どちらの言い分が正しいのでしょうか。

　こんなとき、心理学者は、空理空論をこね回すことはせず、すぐにデータを調べるものです。

　ボストン・チルドレンズ・ホスピタルのマイケル・モニュトーは、アメリカの州ごとの各世帯の銃保有率を調べてみました。アメリカでは、州ごとに銃規制の厳しさも違うので、銃保有率も異なるのです。その一方で、それぞれの州での銃を使った犯罪や強盗の件数も調べてみました。モニュトーが用いたのは、2001年から2004年の犯罪統計です。

　調べてみると、もうはっきりと銃保有は犯罪の抑止になるどころか、保有者が多い州ほど、銃での犯罪も多いことがわかりました。つまりは、銃の所有は厳しく規制したほうがよい、という立場のほうに軍配があがったのです。

　「いやいや、たったひとつくらいの研究では何とも……」と思われる読者がいるかもしれませんね。

　では、別の研究を見てみましょう。オランダにあるフローニンゲン大学のウォルフギャング・ストローブは、銃規制に関するたくさんの研究を調べてみたのですが、銃を持つ人が増えるほど、犯罪だけでなく、偶発的な事故が増えること、さらには銃を使った自殺も増えてしまうことを明らかにしています。

アメリカでの銃規制についての議論

銃規制で 犯罪が減る?	or	銃を持つことの抑止効果で 犯罪が減る?

**複数の研究では「銃規制」が犯罪の
減少に効果があるとみられている**

　これらのデータからすると、普通の市民がたやすく銃を手に入れられない
ようにしたほうが、つまり、**銃の保有を厳しくしたほうが、安心して暮らせ
る社会になる**だろう、ということがいえそうです。

　とはいえ、銃を厳しく取り締まると、銃を購入してくれるお客さまがそれ
だけ減少するので、銃を製造しているメーカーにとっては大きな痛手になり
ます。そのため、メーカーの人たちは猛反発して、ロビー活動を行い、政治
家を動かそうとするのです。

　銃規制したほうがいいということは、わりとはっきりわかっているのです
が、なかなかうまく規制が進まないのは、さまざまな思惑が入り乱れている
からです。

世の中を読み解くための心理学──心理学で社会を読み解く

大衆はメディアを
それほど信じていない

かつて、一般大衆はメディアの言いなりになってしまう、か弱い存在だと考えられていました。テレビやラジオ、新聞などのメディア報道が、大衆を操作するというのですね。

けれども、こういう「メディア脅威論」は、ちょっと現実を誇張しすぎています。

たしかに大衆は、メディアの報道をそれなりに受け入れますが、それに振り回されるだけの存在なのかというと、それは違います。むしろ、「メディアの報道って、ウソばっかりだよな」と冷ややかに受け止めている人も少なくありません。

ドイツにあるハンブルク大学のティマー・セヴィンサーは、2007年8月から2009年6月までの経済危機の期間におけるUSAトゥデイ紙の99の記事を使って、面白い研究をしてみました。

月曜日の巻頭記事で、経済の先行きをどう伝えているかを調べ、翌週と、5週間後の週末のダウ平均株価終値を調べてみたのです。

もしメディアの影響力が、世間で言われているように、とても強いのであれば、「経済の先行きは明るい」というポジティブな記事が発表された場合、短期的には翌週、長期的には約1か月後（5週間後）の株価は、上がっていなければおかしいということになります。

ところが調べてみると、「経済は持ち直す」「経済に何の心配もない」という論調の記事が出ると、翌週も、5週間後も、どちらも株価の指標は下がってしまったのです。つまり、**読者は、記事の内容をそんなに信じていなかった**のです。メディアの影響力は、思ったほどないのかもしれません。

セヴィンサーは、さらに1933年から2009年までの大統領就任演説の発言を分析し、大統領が経済の先行きに明るいことを言えば言うほど、逆説的なことに、GDPと失業率はどちらも悪くなることを突き止めています。

「経済は持ち直す」「何の心配もない」という
論調の記事が出たにもかかわらず、株価が下がる

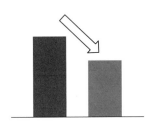

　「日本はもうダメだ」「日本は沈没する」などと、悲観的な報道を聞かされるのもイヤなものですが、だからといって「日本には、バラ色の未来が待っている」と言われても、なんだか疑わしいと思うのではないでしょうか。

　ともあれ、一般大衆は、メディアの報道には接するものの、それをそのまま信じ込んだりはしません。**現代の大衆は、昔の大衆とは異なり、知識や教養も豊富ですし、物事を理性的に判断できる能力も持っています。**

　メディアが偏向報道をすることはあっても、私はそんなに心配もしていません。なぜなら、大衆は、その報道をそのまま鵜呑みにするようなことはなく、ある程度は分別を持った対応ができると信じているからです。

似ているからこそ、
気に食わない

　キリスト教は、イエス・キリストという人物の教えを信仰する宗教ですが、カトリックやプロテスタントをはじめとして、たくさんの宗派があります。

　キリスト教に詳しくない人からすれば、それぞれの派には、ごくごくささいな違いしかないように思うのですが、それぞれの派では、お互いに相手のことを気に入らないと思っています。どちらも根本のところでは同じキリスト教なのに、「似ているからこそ、かえって気に食わない」という現象が起きるのです。

　イスラム教もそうで、スンニ派ですとか、シーア派ですとか、細かいところの教義が違っていると、やはりお互いの仲は悪くなります。

　心理学では、こういう「似ているグループほど、お互いに恨み合う」ことを"横方向の敵意"と呼んでいます。似ているからこそ、許せないということはよくあることなのです。

　米国ケンタッキー州にあるベラーマイン大学のホンク・ロスガーバーは、「ベジタリアン・リソース・グループ」という非営利団体の援助を借りて、431名のベジタリアン（菜食中心ですが、乳製品や卵などは食べる）と、ビーガン（厳格な菜食主義者で、動物性由来のものは一切口にしない）の調査をしています。

　ベジタリアンも、ビーガンも、野菜を食べ、お肉を食べない点は同じ。

　違いはただ、牛乳やチーズ、卵を食べるかどうか。

　興味のない人からすれば、「まあ、どちらも基本的には同じグループ」だと思われるかもしれませんが、そうではありませんでした。厳格なビーガンからすれば、中途半端なことをやっているベジタリアンは、許しがたい存在だったのです。

　ビーガンは、動物愛護の精神で、倫理的な行動をとっていると自分たちは

思っています。ベジタリアンは、ただヘルシー志向で、自分の健康のために野菜を採っているだけ。そんな奴らと自分たちを一緒にされては困る、というわけですね。

　「なんだか、ものすごく小さくて、つまらないことでいがみあうこともあるのだな」と思われるかもしれませんが、それが人間というもの。
　歴史を見ればわかるとおり、ごくささいなことで戦争が起きたりします。お互いに、**ほんのわずかの意見の食い違いが、とても大きな敵意を生み出す**ことがあるのです。
　同じ会社だというのに、営業一課と、営業二課ではものすごく仲が悪く、お互いに口をきかないようなことがあります。こういう現象も、やはり「横方向の敵意」。他の人から見れば、同じ会社で、同じような仕事をしているのに、中の人間からすれば、ごくささいな違いが許容できないほどの怒りを生み出すことがあるのです。

酷評したほうが知的に見える？

　私はあまり好きではないのですが、何らかの意見やコメントを求められたときには、ケチをつけたほうがいいようです。悪いところを頑張って見つけ出し、厳しいコメントをしたほうが、なぜか評価は高くなるからです。

　映画の評論でも、小説の批評でも、手放しでほめちぎるよりは、ケチをつける人のほうが、「いい評論だ」「素晴らしい批評だ」と思われるのですから、何とも不思議な現象です。

　米国ブランダイス大学のテレサ・アマビルは、『ニューヨーク・タイムズ』紙の実際の書評をもとにして、ほめちぎるバージョンと、酷評バージョンを作ってみました。

　アマビルは、もともとの書評の、いくつかの部分を変えてみたのですが、たとえば、ほめちぎりバージョンでは「見事なデビュー作」となっている箇所が、酷評バージョンでは「退屈なデビュー作」に、「才能豊かな若手作家」は「才能のかけらもない若手作家」に、「インパクトのある中編小説」は「インパクトのない中編小説」に変えられていました。

　さて、それぞれの書評を読んでもらい、それについての評価を求めると、酷評した書評のほうが、大絶賛した書評より、「知的である」が14％、「文学的な専門性」が16％高く評価されたのです。

どちらの書評が知的に思われるか？

　ケチをつける人のほうが、なぜか知的で、頭がよさそうに見えてしまうようです。

　そういえば、テレビのコメンテーターやニュースキャスターもそうですね。

　何かをほめるよりは、むしろケチをつける人のほうが、なぜか頭がよさそうに見えるということがあります。

もしみなさんの職場で会議が行われ、何かの意見を求められたときには、ちょっぴりケチをつけるような発言をするとよいかもしれません。「異議なし！」「賛成！」とだけ発言する人よりも、なんとなく「仕事ができそう」なイメージを持ってもらえるでしょうから。

　ネットで情報を発信するときにも、ちょっとケチをつけるような、ネガティブなコメントのほうが、知的な人には見てもらえる可能性も高くなるでしょう。

　とはいえ私自身は、人のことをあまり悪く言うのが性格的に好きではありません。心理学的には、ケチをつける人のほうが知的に見えることは知っていても、私はあまり文句ばかりを書き連ねた本など書きたくありませんし、人のことも悪く言うことはしないようにしています。

　先ほど、会議ではちょっとケチをつけると知的に見えるかもしれませんよ、と申し上げましたが、ケチをつけられた人の気分を害することを考えれば、やはり他の参加者の意見に賛成していたほうがいいのかもしれないな、とも思います。この辺は、読者のみなさんの判断でやってください。

なぜイギリスのサッカー選手は
PKでよく失敗するのか？

この項目の見出しは、私が考えたものではありません。

実は、この見出しと同じタイトルの論文が専門雑誌に載せられているのです。

論文を発表しているのは、ノルウェーのオスロにあるノルウェースポーツサイエンススクールという公立大学のジア・ヨーレ。

ヨーレは、1982年から2006年までのワールドカップ、さらに1976年から2004年までのUEFA欧州選手権におけるPKのデータを分析してみたのです。

ヨーレはまず、1930年からのワールドカップのタイトル数、1960年からのECのタイトル数、また、スター選手の数（FIFAワールドプレーヤー、オブ・ザ・イヤーの選手、ワールドカップのゴールデンボールを受賞した選手、UEFAクラブ・フットボーラー・オブ・ザ・イヤー受賞の選手）によって、各国の強さを調べました。

すると、イギリスやオランダなど、たくさんのタイトルを獲得して、スター選手ぞろいのチームほど、逆説的ながらPKでは失敗しやすいことがわかったのです。

イギリスのPKの成功率は67.7％、オランダは66.7％。ちなみに、タイトルを一度も獲得したことがないチェコなどは、PKの成功率が100％です。100％の成功率というのもすごいですが、もともとPKは蹴る側のほうが圧倒的有利なのですから驚くにあたりません。

なぜサッカーに強い国ほど、PKを失敗してしまうのでしょうか。

その理由は、あまりにゴールを決めようとして緊張しすぎてしまうからであろう、とヨーレは分析しています。

PKのとき審判が笛を吹いて、蹴るまでの時間を測定してみると、イギリスの選手は0.28秒、スペインの選手は0.32秒、オランダの選手は0.46秒と、

すぐにキックしようとしていることが判明しました。あわててというか、急いで蹴ろうとしていたのです。ちなみに、タイトルをとっていない国の選手は、審判が笛を吹いてもすぐに助走に入らず、ゆったりと1秒以上の時間をかけて蹴っていました。

　スポーツの強い国は、強いだけに国民からの期待も、マスコミからの期待も大きくなります。

　周囲があまりに騒ぐものですから、それが選手たちにも伝わり、いやが上にも緊張やプレッシャーを高めてしまうのです。そのため、本来の実力をうまく発揮することができず、おかしな失敗をしてしまうのでしょう。

　サッカー選手も、プロとはいえ人の子ですから、プレッシャーを感じれば、どうしても普段通りのパフォーマンスはできません。PK など、落ち着いて蹴ればたいていは成功するはずなのに、**異様に失敗する確率が高くなってしまうのは、プレッシャーが原因である**といえるでしょう。

　もちろん、他のスポーツに関しても同様で、前評判が高い人やチームほど、意外に良い成績が残せないのは、プレッシャーで説明することができるでしょう。

世の中を読み解くための心理学——心理学で社会を読み解く

161

具体例をもとに社会での心理学の応用例を考えましょう。

問 1

最近見たニュース、社会問題などは心理学的にどう説明できるでしょうか。
あるいは心理学を用いてどう解決できるでしょうか。

問 1

解答は 167 ページ

第1週　心理学とはどんな学問か？

第1日　心理学についての、よくある勘違い

問 1

心理学者

❶心理学とは、実験や調査、観察などに基づいて、客観的・科学的に人間の心と行動を研究する学問。

❷心理学者には、J・B・ワトソンや、アブラハム・マズローなどが挙げられる。

※J・B・ワトソン……行動主義心理学の創始者。刺激と反応の関係を分析し、行動の予測と統制をすることを目指した。

※アブラハム・マズロー……アメリカの心理学者。人間の欲求の階層（マズローの欲求のピラミッド）を主張したことでよく知られている。

精神科医

❸精神科医は薬を用いて治療をおこなう医師。

❹精神科医には、フィリップ・ピネル等が挙げられる。

※フィリップ・ピネル…近代精神医学の祖。「精神病患者を鎖から解き放った」初めての医師として知られている。

第2日　心理学についての、よくある勘違い

問 1

科学的な手法を使う

問 2

ヴィルヘルム・ヴントとは……

ドイツの心理学者。ライプツィヒ大学の教授を歴任し、世界ではじめての実験心理学の研究室を開設。それまでの哲学とは異なる「科学的」手法を用いた心理学を構想し、実験心理学最初の書である「感覚知覚説貢献」を著した。

第3日　心理学の方法はどのようなものか？

問 1

例：8人の集団に向けて簡単な問題を出す。しかし、8人中7人にはあらかじめ同じ回答をするように指

示をしておく。その際、残りの1人は他の人の目を気にせずに正しい答えを選択できるか実験を行なう。この一連の実験で「周囲と同調しなかった人間」の比率を日本人の集団と海外の人の集団で比較すれば、「日本人は世間の目をきにしすぎているのかどうか」実証することができる。

（参考）ソロモン・アッシュの同調実験

第4日　心理学と他の学問の関係は?

問 1

解答法例：自分の仕事で心理学と関わりのある分野はあるか調べてみましょう。

第5日　心理学は人が幸福になることを目指している

問 1

例：甘いものを食べる、寝る、運動する、趣味に没頭する…など様々な方法があるかと思います。
そこで、例えば「運動する人は落ち込んだ気持ちを回復しやすい」と仮説をたてます。
実験方法としては、運動する人としない人とで運動前後の心の変化を調査してみれば、仮説が正しいかどうか判断できますよね。

実際に、
プリンストン大学の研究によると、マウスを使った実験で、運動によって、不安を制御する脳の領域が変化し、興奮を防ぐメカニズムが強化されることがわかっています。
マウスを運動をする群としない群に分け、不安を制御する脳領域である腹側海馬にどのような変化が起こるかを実験したところ、運動したマウスでは、興奮すると活発化するニューロンの反応が抑えられていました。さらに、脳内の興奮性の神経伝達をコントロールする「GABA」（ガンマアミノ酪酸）がより多く放出されていることが判明しています。
（日本生活習慣病予防協会 http://www.seikatsusyukanbyo.com/calendar/2014/002660.php
Exercise reorganizes the brain to be more resilient to stress(プリンストン大学　2013年7月3日)から引用）

第2週　心理学で自分と他人を知る

第1日　人の心はどこまでわかる?

問 1

血液型占いや星座占いは誰にでも当てはまるような性格の説明を自分や特定の集団にだけ当てはまるものとして説明している。このことをバーナム効果という。

人の性格を知りたければ、兄弟構成など生まれた環境に着目する。SNS を使ってその人の普段の生活や趣味の情報からも性格を読み取ることができる。

第2日　やる気と集中力を上げるには？

問 1

例：自分の子どもの写真をスマホの待ち受けにし、それを見ると嫌な仕事でもやる気が上がる。これは、大好きな人と見つめ合うと脳の腹側線条体が活性化してドーパミンが分泌されるからだと考えられる。

第3日　心理学的に能率が上がる学習法とは？

問 1

❶〔　A　〕
理由　手を動かすと脳の下頭頂小葉など記憶を司る部位が刺激されるので記憶が定着しやすい。
❷〔　B　〕
理由　同じような問題ばかりだと1つ1つの問題を吟味しなくなるが、異なるタイプの問題を挟むと異なる解答法を考えなければいけないので理解が深まる。

第4日　いい関係を築くには？

問 1

例：恐怖心は生存を有利にするために進化の過程で獲得されたと考えられる。危険なものを察知して事前に避けることができれば生存率は高まり、その機能が引き継がれてきたと考えられる。

問 2

例：人は、自分の考えは相手も理解しているはずと思い込みやすい。まずは、その思い込みから脱して自分の考えを相手も理解しているとは限らないと意識することが重要だ。
何か考えやものごとを伝える際は、できるだけ具体的な言葉や視覚情報を用いて正確に伝えることが必要だ。

第5日　正確な判断はなかなか下せない

問 1

感情とともに記憶も消失する現象のこと。特に、嫌な感情を伴った記憶は消失するのが早いと言われている。

問 2

例：夜道を歩いていた際に、大きな獣が横切ったと思ったら猫だった。これは夜道という不安な状況にいたため、認知が歪んで猫を通常よりも大きく認識してしまったためだろう。

第 3 週　世の中を読み解くための心理学

第 I 日　人の行動の裏にはどんな心理が働いているのか？

問 1

災害や非常時に人の行動を分けるのは時間的な猶予だ。危機的状況に陥っても時間の猶予があれば必ずしもパニックになるわけではなく、理性的な行動をとることができる。一方、時間の猶予がない場合はパニック状態になる可能性が高く、利己的な行動をとってしまう場合がある。

問 2

高額な商品などを買う際は、迷わず決めたほうがよい。迷わず買ったほうがその買い物に後悔することなく、満足度が高くなるため。

第 2 日　組織をうまくいかせる心理学

問 1

例：
新人には新しい事業やビジネスへ積極的に参加させる。新人は失敗しても地位などを失うことがないので前向きに独創的なアイデアを考えてくれるからだ。
また、新人の性格に合わせて接し方を変える必要がある。意欲的な新人であれば、こちらはある程度任せて見守る姿勢をとる。受け身な新人であれば、こちらがリーダーシップをとって引っ張ってあげるのがよい。

第 3 日　ビジネスに役立つ心理学

問 1

解答の仕方：自分の年齢、業種、仕事のやり方を振り返って考えてみましょう。
仕事でうまくいったときはある程度歳を重ねたタイミングだったのか、遠方や海外へ移住したときだったのか、ひらすら作業を続けたときだったのかなどがヒントになるでしょう。

第4日　幸福感を高める心理学

問 1

解答の仕方：最近感じた幸せだったことは何でしょうか。あるいは、こうなりたい、こうだったらいいのにと思い描くことは何でしょうか。大それたことでなく、日常の些細なことでもいいので思い出してみましょう。

例えば、高機能の家電製品を買って満足した、あるいは欲しいと思ったとします。その家電製品を使えば家事の時間を節約することができるので時間を買ったことになり、心理学的にみて幸福度を高めることにつながったといえるでしょう。

第5日　心理学で社会を読み解く

問 1

解答の仕方：これまで学んできた心理学の知識をもとに社会現象を読み解いてみましょう。また、社会心理学や犯罪心理学など応用心理学の中で関係の深そうな分野を調べ、自分なりの考えをつくりましょう。

あとがき

　本書は、これから「心理学を学びたい！」と思っている人に、心理学がどういう学問で、どんな研究をしているのかをわかってもらうための入門書です。心理学については、血液型占いと同じようなものという誤解もあったりするので、きちんとした「科学」（サイエンス）の一分野なのだということをわかってもらう構成にしました。

　書店に行きますと、「○○心理学」「○○心理学入門」といった一般書はいくらでも見つけることができるのですが、手にとってパラパラと眺めてみると、とても心理学とは言えない内容になっているものがほとんど。これでは、心理学をきちんと学ぼうという人たちを惑わせてしまうのではないかと私は心配しています。

　では、心理学の専門書で勉強すればいいのかというと、専門的に書かれた入門書は、ひどく退屈であるという、これまた別の問題があります（笑）。

　そこで本書では、一般書と専門書のちょうど真ん中くらいの内容にすることにしました。取り上げているネタは、現代心理学で行われている最新の研究を中心に取り上げましたが、できるだけ平易な文章で説明するように心がけています。図解やイラストもたくさん載せてありますので、読者の理解も助けられたのではないでしょうか。

　心理学の入門書といえば、もうお決まりのようになっているパブロフの犬のお話ですとか、記憶の忘却曲線のようなものは、あえて一切取り上げないことにしました。そういうお話は、心理学の歴史を知る上では非常に重要なことは言うまでもありませんが、普通の読者にとっては、ちょっと浮世離れしたような古さを感じると思いましたので。

　心理学というのは、私たちにとって、身近な生活にかかわるものであることを理解していただくため、基礎的な研究（人の生理や記憶など）よりも、応用的な研究をたくさんご紹介するようにしました。「なるほど、心理学ってこういう学問なのか！」ということは、十分にご理解いただけたのではな

いかと思っています。

　さて、本書の執筆にあたっては、ディスカヴァー編集部の渡辺基志さん、橋本莉奈さんにお世話になりました。この場を借りてお礼を申し上げます。文章の説明だけでは、なかなか伝わりにくい概念や法則なども、わかりやすく図解にしていただく作業は、すべて渡辺さん、橋本さんのお力によるものです。

　最後になりましたが、ここまでお読みくださったすべての読者のみなさまにもお礼を申し上げたいと思います。最後の最後までお付き合いくださり、本当に感謝しております。ありがとうございました。

　どんな学問もそうだと思うのですが、自分が知らないことを知るということは、知的好奇心が刺激され、大変に興奮するものです。心理学の勉強を通じて、読者のみなさまがワクワク・ドキドキを感じてくださったのだとしたら、著者としてこれ以上の幸せはありません。

内藤誼人

参考文献

Allison, R. I., & Uhl, K. P. 1964 Influence of beer brand identification on taste Perception. Journal of Consumer Research ,1, 36-39.

Alter, A. L., & Hershfield, H. E. 2014 People search for meaning when they approach a new decade in chronological age. Proceedings of the National Academy of Sciences of the United States of America ,111, 17066-17070.

Amabile, T. M. 1983 Brilliant but cruel: Perceptions of negative evaluations. Journal of Experimental Social Psychology ,19, 146-156.

Andeweg, R. D. & van den Berg, S. B. 2003 Linking birth order to political leadership: The impact of parents or sibling interaction? Political Psychology ,24, 605-623.

Ariel, B., Lawes, D., Weinborn, C., Henry, R., Chen, K., & Sabo, H. B. 2019 The "Less-than-lethal weapons effect" Introducing tasers to routine police operations in England and Wales. Criminal Justice and Behavior ,46, 280-300.

Audia, P. G., Locke, E. A., & Smith, K. G. 2000 The paradox of success: An archival and a laboratory study of strategic persistence following radical environmental change. Academy of Management Journal , 43, 837-853.

Azoulay, P., Jones, B., Kim, J. D., & Miranda, J. 2018 Age and high-growth entrepreneurship. NBER Working Paper No.24489.

Black, S. L. & Bevan, S. 1992 At the movies with Buss and Durkee: A natural experiment on film violence. Aggressive Behavior ,18, 37-45.

Boxman, E. A. W., De Graaf, P. M., & Flap, H. D. 1991 The impact of social and human capital on the income attainment of Dutch managers. Social Networks ,13, 51-73.

Bushman, B. J. 2002 Does venting anger feed or extinguish the flame? Catharsis, rumination, distraction, anger, and aggressive responding. Personality and Social Psychology Bulletin ,28, 724-731.

Clark, R. D., & Rice, G. A. 1982 Family constellations and eminence: The birth orders of Nobel prize winners. Journal of Psychology ,110, 281-287.

Dane, E., Rockmann, K. W., & Pratt, M. G. 2012 When should I trust my gut? Linking domain expertise to intuitive decision-making effectiveness. Organizational Behavior and Human Decision Processes ,119, 187-194.

Danoff-Burg, S., & Mosher, C. E. 2006 Predictors of tanning salon use. Behavioral alternatives for enhancing appearance, relaxing and socializing. Journal of Health Psychology ,11, 511-520.

Dijksterhuis, A., Bos, M. W., Nordgren, L. F., & van Baaren, R. B. 2006 On making the right choice: The deliberation-without-attention effect. Science ,311, 1005-1007.

Duguid, M. M. & Goncalo, J. 2015 Squeezed in the middle: The middle status trade creativity for focus. Journal of Personality and Social Psychology ,109, 589-603.

Duke, R. A., Simmons, A. L., & Cash, C. D. 2009 It's not how much; It's how. Characteristics of practice behavior and retention of performance skills. Journal of Research in Music Education ,56, 310-321.

Dwyer, K. K. & Davidson, M. M. 2012 Is public speaking really more feard than death? Communication Research Reports ,29, 99-107.

Frey, B. S., Savage, D. A., & Torgler, B. 2010 Interaction of natural survival instincts and internalized social norms exploring the Titanic and Lusitania disasters. Proceedings of the National Academy of Sciences of the United States of America ,107, 4862-4865.

Godart, F. C., Maddux, W. W., Shipilov, A. V., & Galinsky, A. D. 2015 Fashion with a foreign flair: Professional experiences abroad facilitate the creative innovations of organizations. Academy of Management Journal ,58, 195-220.

Grant, A. M., Gino, F., & Hofmann, D. A. 2011 Reversing the extraverted leadership advantage: The role of employee proactivity. Academy of Management Journal ,54, 528-550.

Greengross, G. & Miller, G. F. 2009 The big five personality traits of professional comedians compared to amateur comedians, comedy writers, and college students. Personality and Individual Differences ,47, 79-83.

Gruber, J. & Owings, M. 1996 Physician financial incentives and cesarean section delivery. RAND Journal of Economics ,27, 99-123.

Hodgson, R. T. 2009 An analysis of the concordance among 13 U.S. Wine competitions. Journal of Wine Economics ,4, 1-9.

Howard, J. W., & Dawes, R. M. 1976 Linear prediction of marital happiness. Personality and Social Psychology Bulletin ,2, 478-480.

Johnson, H. W. 1961 Skill=Speed×Accuracy×Form×Adaptability. Perceptual and Motor Skills ,13, 163-170.

Jordet, G. 2009 Why do English players fail in soccer penalty shootouts? A study of team status, self-regulation, and choking under pressure. Journal of Sports Sciences ,27, 97-106.

Kahneman, D. & Klein, G. 2009 Conditions for intuitive expertise. A failure to disagree.

American Psychologist ,64, 515-526.

Kampe, K. K. W., Frith, C. D., Dolan, R. J., & Frith, U. 2001 Reward value of attractiveness and gaze. Nature ,413, 589.

Keating, C. F., Pomerantz, J., Pommer, S. D., Ritt, S. J. H., Miller, L. M., & McCormick, J. 2005 Going to college and unpacking hazing: A functional approach to decrypting initiation practices among undergraduates. Group Dynamics:Theory, Research, and Practice ,9, 104-126.

Kosinski, M., Stillwell, D., & Graepel, T. 2013 Private traits and attributes are predictable from digital records of human behavior. Proceedings of National Academy of Sciences of the United States of America ,110, 5802-5805.

Kozbelt, A. 2008 Longitudinal hit ratios of classical composers: Reconciling "Darwinian" and expertise acquisition perspective on lifespan creativity. Psychology of Aesthetics, Creativity, and the Arts ,2, 221-235.

Krahe, B., Lutz, J., & Sylla, I. 2018 Lean back and relax: Reclined seating position buffers the effect of frustration on anger and aggression. European Journal of Social Psychology ,48, 718-723.

Leary, M. R., Kowalski, R. M., Smith, L., & Phillips, S. 2003 Teasing, rejection, and violence: Case studies of the school shootings. Aggressive Behavior ,29, 202-214.

Longcamp, M., Boucard, C., Gilhodes, J. C., Anton, J. L., Roth, M., Nazarian, B., & Velay, J. L. 2008 Learning through hand-or typewriting influences visual recognition of new graphic shapes: Behavioral and functional imaging evidence. Journal of Cognitive Neuroscience ,20, 802-815.

Maisey, D. S., Vale, E. L. E., Comelissen, P. L., & Tovee, M. J. 1999 Characteristics of male attractiveness for women. The Lancet ,353, 1500.

Matz, S. C., Kosinski, M., Nave, G., & Stillwell, D. J. 2017 Psychological targeting as an effective approach to digital mass persuasion. Proceedings of National Academy of Sciences of the United States of America ,114, 12714-12719.

Miller, D. T., & McFarland, C. 1986 Counterfactual thinking and victim compensation: A test of norm theory. Personality and Social Psychology Bulletin ,12, 513-519.

Mojzisch, A. & Schulz-Hardt, S. 2010 Knowing others' preferences degrades the quality of group decisions. Journal of Personality and Social Psychology ,98, 794-808.

Monuteaux, M. C., Lee, L. K., Hemenway, D., Mannix, R., & Fleegler, E. W. 2015 Firearm ownership and violent crime in the U.S. An ecological study. American Journal of Preventive Medicine ,49, 207-214.

Morris, P. & Lewis, D. 2009 Tackling diving: The perception of deceptive intentions in association football(soccer). Journal of Nonverbal Behavior ,34, 1-13.

Newton,E.L. 1990 "Overconfidence in the Communication of Intent: Heard and Unheard Melodies," Ph.D. dissertation, Stanford University ; Chip Heath and Dan Heath, Made to Stick: Why Some Ideas Survive and Others Die (New York: Random House, 2007).

Obschonka, M., Andersson, H., Silbereisen, R. K., & Sverke, M. 2013 Rule-breaking, crime, and entrepreneurship: A replication and extension study with 37-year longitudinal data. Journal of Vocational Behavior ,83, 386-396.

Parks, M.J., Osgood, D. W., Felson, R. B., Wells, S., & Graham, K. 2013 Third party involvement in barroom conflicts. Aggressive Behavior ,39, 257-268.

Plassmann, H., O' Doherty, J., Shiv, B., & Rangel, A. 2008 Marketing actions can modulate neural representations of experienced pleasantness. Proceedings of the National Academy of Sciences of the United States of America ,105(3), 1050-1054.

Raffiee, J., & Feng, J. 2014 Should I quit my day job? A hybrid path to entrepreneurship. Academy of Management Journal ,57, 936-963.

Rothgerber, H. 2014 Horizontal hostility among non-meat eaters. PLOS One ,9, e96457.

Ryan, R. M., Burnstein, J. H., & Brown, K. W. 2010 Weekends, work, and well-being: Psychological need satisfactions and day of the week effects on mood, vitality, and physical symptoms. Journal of Social and Clinical Psychology ,29, 95-122.

Schaefer, C. E. & Mattei, D. 2005 Catharsis: Effectiveness in children's aggression. International Journal of Play Therapy ,14, 103-109.

Sevincer, A. T., Wagner, G., Kalvelage, J., & Oettingen, G. 2014 Positive thinking about the future in newspaper reports and presidential addresses predicts economic downturn. Psychological Science ,25, 1010-1017.

Stefanucci, J. K., & Storbeck, J. 2009 Don't look down: Emotional arousal elevates height perception. Journal of Experimental Psychology ,138, 131-145.

Strack, F., Martin, L. L., & Stepper, S. 1988 Inhibiting and facilitating conditions of the human smile: A nonobstrusive test of the facial feedback hypothesis. Journal of Personality and Social Psychology ,54, 768-777.

Streeter, S. A. & Mcburney, D. 2003 Waist-hip ratio attractiveness: New evidence and a critique of "A critical test". Evolution and Human Behavior, 24, 88-98.

Stroebe, W. 2016 Firearm availability and violent death: The need for a culture change in attitudes toward guns. Analyses of Social Issues and Public Policy ,16, 7-35.

Sulloway, F. J. & Zweigenhaft, R. L. 2010 Birth order and risk taking in athletics: A meta-analysis and study of major league baseball. Personality and Social Psychology Review ,14,

402-416.

Taylor, K. & Rohrer, D. 2010 The effects of interleaved practice. Applied Cognitive Psychology ,24, 837-848.

Verheijen, G. P., Burk, W. J., Stoltz, S. E. M. J., van den Berg, Y. H. M., & Cillessen, A. H. N. 2017 Friendly fire: Longitudinal effects of exposure to violent video games on aggressive behavior in adolescent friendship dyads. Aggressive Behavior ,44, 257-267.

Walker, W. R. & Skowronski, J. J. 2009 The fading affect bias: But what the hell is it for? Applied Cognitive Psychology ,23, 1122-1136.

Weitlauf, J. C., Smith, R. E., & Cervone, D. 2000 Generalization effects of coping-skills training: Influence of self-defense training on women's efficacy beliefs, assertiveness, and aggression. Journal of Applied Psychology ,85, 625-633.

Whillans, A. V., Dunn, E. W., Smeets, P., Bekkers, R., & Norton, M. I. 2017 Buying time promotes happiness. Proceedings of the National Academy of Sciences of the United States of America ,114, 8523-8527.

Winston, J. S., Strange, B. A., O'Doherty, J., & Dolan, R. J. 2002 Automatic and intentional brain responses during evaluation of trustworthiness of faces. Nature Neuroscience ,5, 277-283.

「わかったつもり」で終わらない独学シリーズ
人と社会の本質をつかむ心理学

発行日　2021年11月20日　第1刷

Author　　　　　　　内藤誼人

Book Designer　　　MORNING GARDEN INC.（田中正人）
Illustrator　　　　　MORNING GARDEN INC.（玉井麻由子）

Publication　　　　株式会社ディスカヴァー・トゥエンティワン
　　　　　　　　　　〒102-0093　東京都千代田区平河町2-16-1 平河町森タワー11F
　　　　　　　　　　TEL 03-3237-8321（代表）　03-3237-8345（営業）　FAX 03-3237-8323
　　　　　　　　　　https://d21.co.jp/

Publisher　　　　　谷口奈緒美
Editor　　　　　　　藤田浩芳　渡辺基志　橋本莉奈

Store Sales Company
　　　　　　　　　　安永智洋　伊東佑真　榊原僚　佐藤昌幸　古矢薫　青木翔平　青木涼馬　井筒浩
　　　　　　　　　　小田木もも　越智佳南子　小山怜那　川本寛子　佐竹祐哉　佐藤淳基　佐々木玲奈
　　　　　　　　　　副島杏南　高橋雛乃　滝口景太郎　竹内大貴　辰巳佳衣　津野主揮　野村美空　羽地夕夏
　　　　　　　　　　廣内悠理　松ノ下直輝　宮田有利子　山中麻吏　井澤徳子　石橋佐知子　伊藤香
　　　　　　　　　　伊藤由美　葛目美枝子　鈴木洋子　畑野衣見　藤井かおり　藤井多穂子　町田加奈子

EPublishing Company
　　　　　　　　　　三輪真也　小田孝文　飯田智樹　川島理　中島俊平　松原史与志　磯部隆　大崎双葉
　　　　　　　　　　岡本雄太郎　越野志絵良　斎藤悠人　庄司知世　中西花　西川なつか　野﨑竜海
　　　　　　　　　　野中保奈美　三角真穂　八木眸　高原未来子　中澤泰宏　俵敬子

Product Company
　　　　　　　　　　大山聡子　大竹朝子　小関勝則　千葉正幸　原典宏　藤田浩芳　榎本明日香　倉田華
　　　　　　　　　　志摩麻衣　橋本莉奈　牧野類　三谷祐一　元木優子　安永姫菜　渡辺基志　小石亜季

Business Solution Company
　　　　　　　　　　蛯原昇　早水真吾　志摩晃司　野村美紀　林秀樹　南健一　村尾純司

Corporate Design Group
　　　　　　　　　　森谷真一　大星多聞　堀部直人　村松伸哉　井上竜之介　王廳　奥田千晶　佐藤サラ圭
　　　　　　　　　　杉田彰子　田中亜紀　福永友紀　山田諭志　池田望　石光まゆ子　齋藤朋子　竹村あゆみ
　　　　　　　　　　福田章伸　丸山香織　宮崎陽子　阿知波淳平　伊藤花笑　岩城萌花　岩淵瞭　内堀瑞穂
　　　　　　　　　　遠藤文香　王玮祎　大野真里菜　大場美範　小田日和　金子瑞実　河北美汐
　　　　　　　　　　吉川由莉　菊地美恵　工藤奈津子　黒野有花　小林雅治　坂上めぐみ　佐瀬遥香
　　　　　　　　　　鈴木あさひ　関紗也乃　高田彩菜　瀧山響子　田澤愛実　巽菜香　田中真悠　田山礼真
　　　　　　　　　　玉井里奈　鶴岡蒼也　道玄萌　富永啓　中島魁星　永田健太　夏山千穂　平池輝
　　　　　　　　　　日吉理咲　星明里　峯岸美有　森脇隆登

Proofreader　　　　文字工房燦光
DTP　　　　　　　　小林祐司
Printing　　　　　　日経印刷株式会社

・定価はカバーに表示してあります。本書の無断転載・複写は、著作権法上での例外を除き禁じられています。
インターネット、モバイル等の電子メディアにおける無断転載ならびに第三者によるスキャンやデジタル化もこれに準じます。
・乱丁・落丁本はお取り替えいたしますので、小社「不良品交換係」まで着払いにてお送りください。
・本書へのご意見ご感想は下記からもご送信いただけます。
https://d21.co.jp/inquiry/

ISBN978-4-7993-2786-9　©YOSHIHITO NAITO, 2021, Printed in Japan.

Discover

人と組織の可能性を拓く
ディスカヴァー・トゥエンティワンからのご案内

本書のご感想をいただいた方に
うれしい特典をお届けします!

特典内容の確認・ご応募はこちらから

https://d21.co.jp/news/event/book-voice/

最後までお読みいただき、ありがとうございます。
本書を通して、何か発見はありましたか?
ぜひ、感想をお聞かせください。

いただいた感想は、著者と編集者が拝読します。

また、ご感想をくださった方には、お得な特典をお届けします。